BERND KRAMER

ERFOLG – EIN MODERNER SELBSTBETRUG

BERND KRAMER

ERFOLG – EIN MODERNER SELBSTBETRUG

Von der Entzauberung der Leistungsgesellschaft

KÖSEL

MIX
Papier | Fördert gute Waldnutzung
FSC® C083411

Penguin Random House Verlagsgruppe FSC® N001967

Redaktion: Kathrin Sabeth Ohl, Hamburg
Umschlag: zero-media.net
Umschlagmotiv: Les Archives Digitales / Alamy Stock Foto
Satz: Satzwerk Huber, Germering
Druck und Bindung: CPI Books GmbH, Leck
Printed in Germany
ISBN 978-3-466-37307-9
www.koesel.de

INHALT

EINLEITUNG 7

1 PEINLICHER EHRGEIZ
Warum wir etwas erreichen wollen, aber ungern darüber reden 21

2 VON NICHTS KOMMT NICHTS
Warum wir erwarten, dass sich harte Arbeit auszahlt 47

3 WAS FÜR EIN ZUFALL
Warum wir so selten in der Hand haben, was wir erreichen 77

4 DEMÜTIGER TRIUMPH
Wie die Erfolgreichen abheben, auch wenn sie bodenständig bleiben 105

5 ALLES VERDIENT
Warum es so schwerfällt, an Erfolg zu glauben, für den man nichts kann 129

6 ACHTSAM SCHEITERN
Warum es heute so hart ist, die Niederlage zu verkraften 155

7 LOTTO MIT SYSTEM
Warum wir uns so schwertun, Erfolge gerecht zu verteilen 181

ANMERKUNGEN UND QUELLEN 209

EINLEITUNG

Man könnte meinen, der Erfolg habe seine beste Zeit hinter sich. Er ist verdächtig geworden, eine dubiose Angelegenheit, mit der irgendetwas nicht stimmt und die man deswegen weit von sich weist, zumindest vordergründig. Will ja keiner, so etwas, angeblich. Ein Vermögen auf der Bank, eine Villa mit riesigem Garten in Zehlendorf, eine Jacht im Hafen von Saint-Tropez. Fürchterliche Vorstellung. Der kurze Blick aufs Handy: Die Aktien entwickeln sich prächtig, die Firma läuft bestens, eine stattliche Dividende ist zu erwarten, zurücklehnen, die Sonnenbrille auf, einen Schluck Dom Pérignon. Was für ein grauenhaftes Leben. Es hebe die Hand, wer ernsthaft danach strebt.

Oder das hier: Die Chefin lobt das jüngst abgeschlossene Projekt, hervorragend gemacht, alle Kolleginnen und Kollegen sind ganz angetan. Nicken im Konferenzraum, Schulterklopfen auf den Fluren. Mit einem Mal fragen dich sogar diejenigen um Rat, die vor Kurzem nicht einmal wussten, wie du heißt. Schließlich bittet der Geschäftsführer zu sich ins Büro. Wirklich beeindruckend, sagt er. Wie wäre es mit einer Gehaltserhöhung und einer

Beförderung? Irgendeine Stelle, die Sie bei uns besonders interessieren würde? Bitte, nein, bloß nicht.

Oder das: Da zieht man wochenlang ein straffes Fitnessprogramm durch, verbringt viele Stunden auf dem Crosstrainer, achtet auf die Ernährung, joggt jeden Tag nach der Arbeit dreimal um den See. Dann meldet man sich für den vom Stadtmarketingverein organisierten Marathon an, Freunde, Bekannte, Familienangehörige stehen am Wegrand und jubeln einem zu. Und dann lohnt es sich sogar. Zu allem Übel gewinnt man. Unerträglich.

Erfolg ist etwas für Angeber, Größenwahnsinnige, Narzissten, der Inbegriff einer *Red Flag*, ein Attribut all derjenigen, die sich eher früher als später als Unsympathen erweisen, etwas, das man in der postheroischen Gegenwart allenfalls mit gefallenen Helden in Verbindung bringt. Erfolg ist, um die Diagnose in zeitgenössisches Vokabular zu kleiden, toxisch. Und wenn irgendjemand dafür noch einen Beleg brauchte, konnte er ihn in den vergangenen Jahren dutzendfach finden: Menschen, die ihre Macht und ihren Status missbrauchten, die tief gestürzten Stars, Chefredakteure großer Boulevardblätter, Filmbosse wie Harvey Weinstein, Rockstars wie Till Lindemann oder er zum Beispiel: Kevin Spacey, einst gefeierter Schauspieler, dessen Karriere ins Abseits geriet und den die Drehbuchautoren von *House of Cards* in den vorzeitigen Serientod schicken mussten, als Vorwürfe wegen sexueller Übergriffe gegen ihn erhoben wurden. Was war das Gift, das alles zerstörte? Ganz klar, sagt Spacey: der Erfolg. »Es gibt keine Schule, an der man lernen kann, wie man mit Ruhm umgeht«, bekannte er, kurz bevor ein Londoner Gericht ihn im Jahr 2023 dann doch freisprach. »Ich habe wirklich versucht, kein Arschloch zu sein. Aber ich glaube, in gewissem Maße war ich ein Arschloch.«[1]

Man hüte sich vor dem Erfolg.

Erfolg ist ein überholtes Accessoire einer überholten Generation alter weißer Männer. Mein Haus, mein Auto, mein Boot. Wen will man damit noch beeindrucken? Die empfindsamen Schneeflocken von heute lächeln nur müde über all diejenigen, die ein solches Gehabe weiterhin nötig haben: das Geprotze, das Geprahle, das Gegockel. Lächerlich. Immer schon gewesen. Nur dass es sich inzwischen herumspricht, glücklicherweise.

Wer jagt denn dem Erfolg noch hinterher?

Schon der Generation der Millennials wurde ein eher skeptisches Verhältnis zur Schufterei nachgesagt. Inzwischen sind die zwischen den Achtziger- und frühen Neunzigerjahren Geborenen beruflich so weit vorgerückt, dass die Midlife-Crisis anstünde. Nur fällt die aus, weil es angeblich ja von vornherein kaum Erfolgsideale gab, deren Verfehlen man nun betrauern könnte. Kein Haus, kein Auto, kein Boot. Und das alles musste auch nie sein, nicht mehr. Die nachfolgende Generation Z hält es sogar noch nihilistischer. Die jungen Menschen, die in diesen Zeiten in den Beruf starten, blicken angeblich fast mit Abscheu auf die Insignien des arrivierten Lebens. Dafür soll man sich zu Tode schuften? Nein danke.

Ikonisch zum Ausdruck brachte das im Herbst 2023 eine junge Frau, die in einem Video auf Tiktok von ihrer Jobsuche berichtet, als sei sie soeben von einer lebensgefährlichen Safari zurückgekehrt. »Ich hatte gerade den größten Nervenzusammenbruch ever«, sagt sie da mit bebender Stimme. Der Grund? Ein Arbeitgeber stellte gerade einmal 30 Urlaubstage in Aussicht. Im Jahr. Sie wirkt, tatsächlich, den Tränen nahe. »Wir reden hier von einem ganzen Jahr«, sagt sie. »Für was bin ich in die Schule gegangen, hab mein Abi gemacht, hab studiert.« Wann endlich würden wir nur alle erwachen und kollektiv die Arbeit einstellen.[2] Es ist leicht,

Häme über eine Tiktokerin auszukippen und das ganze Drama ein bisschen drüber zu finden. Der Boulevard war jedenfalls außer sich über die »Generation Jammerlappen«.[3]

Und längst schon beklagen auch die Verbandsvertreter aus der Wirtschaft die vermeintlich nachlassende Leistungsmoral. Es brauche wieder »mehr Bock auf Arbeit«, dröhnte es aus der Bundesvereinigung der Deutschen Arbeitgeberverbände.[4] Das Berufsleben sei »kein Ponyhof«, mahnte die Chefin der Bundesagentur für Arbeit. Andere warnten, Deutschland gleite ab in die »Flauschokratie«, wenn Grundschulkinder bei den Bundesjugendspielen künftig von der Demütigungspädagogik verschont bleiben sollen, die ihre Eltern und Großeltern wegstecken mussten.[5] Was will man da erwarten? Niemand wolle mehr etwas erreichen, niemand mehr die watteweichen Komfortzonen verlassen, alle scheuten die Zumutungen. Wo wird hier in die Hände gespuckt, wo steigern sie das Bruttosozialprodukt? Deutschland steigt ab, weil die Menschen träge und bequem werden, weil niemand mehr durch Erfolg zu locken ist, weil keiner mehr etwas leisten will. Das ist zumindest die Vorstellung, die durch die Debatten geistert, und natürlich eine maßlos verzerrte.

Die Angehörigen der Generation Z, die gerade von den Unis kommen, fragen angeblich in jedem Vorstellungsgespräch nicht nur nach riesigen Urlaubskontingenten und signalisieren, dass lange Arbeitstage und Überstunden nicht so ihr Ding sind. Bevor sie unterschreiben, wollen sie wissen, ob der potenzielle Arbeitgeber Workation ermöglicht und sie den Laptop vielleicht auch mal am Strand in Portugal aufklappen können. Zwischen zwei Video-Meetings unterbrechen sie den Dienst kurz, um eine Runde auf den Wellen zu surfen – oder eigentlich eher umgekehrt. Und selbst die, die nicht mehr ganz so jung sind, debattieren rege, ob es nicht einmal Zeit wäre für die Vier-Tage-Woche, die ersten Gewerkschaften ziehen bereits mit der Forderung nach dem freien Freitag in die Tarifauseinandersetzungen. Einfach nur Dienst nach Vorschrift machen und nichts weiter anstreben: Früher hatte das einen schlechten Ruf. Inzwischen ist es als Phänomen zurück, das allgemein begrüßt wird und unter *Quiet Quitting* den Zeitgeist prägt, als innerer Rückzug bei formal intaktem Arbeitsverhältnis. Leistung muss sich schonen.

Wenn es nur so einfach wäre. Wenn es überhaupt so wäre.

Es gibt genügend Zahlen, die diesem Klischee von der heraufziehenden Flauschokratie widersprechen, der Diagnose, dass nicht mehr gearbeitet würde, dass Jüngere nicht mehr auf den Aufstieg hofften und Ältere auf den erreichten Status nichts mehr gäben und alle Welt ihre Ambitionen beerdigen und nur noch die Füße hochlegen würde.[6] Die Realität deutet nicht auf einen kollektiven Abschied von der zielstrebigen Betriebsamkeit hin. Es ist allenfalls eine Sehnsucht, die aus der Debatte spricht. Aber auch eine Sehnsucht kann verräterisch sein. Vielleicht sogar gerade die.

Möglicherweise ist da nämlich etwas verrutscht. Man träumt weiter heimlich von den jubelnden Fans beim Marathon, von der Beförderung, vielleicht auch heimlich von der Villa, eine kleine würde ja schon reichen, man muss ja nicht so protzen und prahlen, wie man es früher vielleicht tat, aber schön wäre der Erfolg ja immer noch. Ein bisschen pastelliger als damals, nicht so knallig, nicht so grell, aber immer noch Erfolg. Nur dass Talent und harte Arbeit verlässlich zu ihm führen, das ist nicht mehr ausgemacht.

Die Wege nach oben sind undurchsichtiger geworden, ungewisser, verwunschener, die Wegweiser unleserlich, die Karten veraltet, einst sichere Pfade haben sich in Sackgassen verwandelt. Heute ahnt man, dass man den Wohlstand früherer Generationen im eigenen Berufsleben vermutlich nicht mehr erreichen wird, die Welt sich ohnehin ungemütlicher entwickelt, weniger verlässlich in so vieler Hinsicht, vielleicht katastrophaler, und in Windeseile kann alles wieder eingerissen werden, was wir geschaffen haben. Man wird vielleicht das Haus der Eltern erben, aber kein neues bauen. Zu unsicher, zu prekär, bei dem Einkommen, bei den Hypothekenzinsen. Auf eine halbwegs sorgenfreie Zukunft kann sich nur einstellen, wem die Eltern eines Tages ein beträchtliches Vermögen übertragen, was offensichtlich kein fairer Gesellschaftsentwurf sein kann.

Wenn es erkennbar nicht mehr für die meisten wie mit dem Fahrstuhl nach oben geht, wenn kommende Generationen es nicht automatisch besser haben werden, dann entlarvt sich die Rede vom Aufstieg durch Leistung eben als die Demagogie, die sie schon immer war, nur dass man sie früher vielleicht nicht so schnell durchschauen konnte. Manche Beobachter erklären den aufziehenden Populismus in vielen Ländern auch mit den Frustrationserfahrungen, die entstehen, wenn das Versprechen nicht gehalten wird, dass jeder durch eigene Mühen und Anstrengungen im Leben vorankommen kann.[7] Die Gesellschaft propagiert weiterhin den Erfolg, aber lässt die Menschen zunehmend mit der Frage allein, wie sie ihn bekommen. Es kann kränken, wenn andere beständig vorbeiziehen, während man selbst ohne vernünftige Erklärung zurückbleibt und trotz aller Bemühungen plötzlich der Totalschaden des Lebens droht. In einer Gesellschaft, in der »jeder das ›Recht‹ hat, sich mit jedem zu vergleichen und sich doch ›faktisch nicht vergleichen kann‹«, schrieb der Philosoph Max Scheler, gärt das Ressentiment.[8] Das grollende Unbehagen entlädt sich wie ein wildes Umsichschlagen, als Stimme gegen das System bei der Wahl oder als Hass auf alle, die fremd sind und anders.

Das Grummeln der Wütenden und die vermeintliche Luxussehnsucht nach der Vier-Tage-Woche und einer besseren Work-Life-Balance haben interessanterweise einen gemeinsamen

Fluchtpunkt in einem Erfolgs- und Aufstiegsversprechen, an das nicht mehr bedingungslos geglaubt werden kann. Noch erstaunlicher ist, wie oft es doch nur bei einer Sehnsucht bleibt. Und wie sehr sogar diejenigen, die allen Grund zur Resignation hätten, weiter ganz nach der Idee leben, man müsste sich nur reinhängen, dann kommt der Erfolg schon.

Es gehört zum Gründungsmythos der Moderne, dass jeder es aus eigener Kraft schaffen kann. Die Vorstellung ist mächtig und verführerisch und wir geben sie nicht leichtfertig auf. Wir sind frei von Vorgaben, die Welt steht uns offen, wir können uns selbst verwirklichen – müssen es allerdings auch. Wir brauchen eine Idee, wer wir werden wollen. Und dann müssen wir uns reinknien, anstrengen, vollen Einsatz zeigen, alle Kraft aufbieten, unser Bestes geben – und werden belohnt mit Ansehen, Status, Aufstieg. Arnold Schwarzenegger, der sich aus einem Dorf in Österreich über einen kleinen Zwischenstopp als »Mister Universum« bis ins Amt des Gouverneurs von Kalifornien hochtrainiert hat, warf unlängst schwungvoll seine Weisheiten auf die Bestsellerliste der Selbsthilfeliteratur: »Nur du kannst dir dein Wunschleben selbst gestalten – niemand wird das für dich tun«, lautete seine Empfehlung an die Leserschaft weltweit.[9] Oder zugespitzt formuliert, als goldene Lebensregel vom unbesiegten Terminator: »Reiß dir den Arsch auf.«

Ja doch, verdammt noch mal.

Nur leider funktioniert es so einfach nicht, sonst würde Arnold Schwarzenegger nicht ein so großes Publikum finden, dem er im Grunde auch nur sagt, was schon in Tausenden Ratgebern davor stand. Der Erfolg? Oft genug ein ziemliches Mysterium, flirrend, obskur, unergründlich und oft eben doch erstaunlich unabhängig vom Grad des Arschaufreißens. Der eine wird zum Weltstar, der andere bleibt ewig anonym – auch wenn beide das Gleiche tun. Es gibt Beispiele dafür, ziemlich überwältigende.

Im Jahr 1978 sorgte eine Reihe von Graffiti für Aufsehen in den Straßen von New York. Das erste wurde im Mai des Jahres an einer Kreuzung in Lower Manhattan entdeckt: »Samo© ist jetzt«, stand da. Etwas weiter den Block hoch: »Samo© kommt«. An einer Kirche am West Broadway war plötzlich zu lesen, Samo sei eine Alternative zu Gott. Überall stieß man plötzlich auf die hingesprühten Sinnsprüche, die wie Parodien auf Werbeslogans wirkten. Samo hier, Samo da. Manchmal sprühten andere sogar Antworten auf die Hauswände: Samo solle bitte mal bei seiner Mutter anrufen. Aber wer war Samo? Wer steckte hinter dieser sarkastischen Poesie der Straße? Einen Sommer lang rätselte die Kunstszene am Hudson River – ehe ein Stadtmagazin die Identität der Sprayer enthüllte: Zwei Teenager waren es, zwei Schulabbrecher, zwei Außenseiter.[10]

Der Ältere der beiden, Al Diaz, 19 Jahre, blickte schon auf einige Jahre in der New Yorker Sprayerszene zurück, er hatte sich zuvor vor allem auf U-Bahn-Zügen verewigt, signiert mit »Bomb 1«. Ihm gefiel die Vorstellung, dass Menschen ihn unter diesem Namen kannten, ohne zu wissen, wer er war. Dann schloss er sich mit einem Kumpel zusammen, ein zwei Jahre jüngerer Schulkamerad aus schwierigen Verhältnissen, der bis dahin wenig mit Street-Art zu tun hatte. Fortan nannten sie sich Samo.[11]

Eine Erfolgsgeschichte. Aber eine sehr ungleiche, denn interessanterweise wurde nicht Al Diaz kurz darauf weltberühmt – sondern der andere, der Jüngere und Unerfahrene: Jean-Michel Basquiat bekam als das Gesicht von Samo Einladungen ins Fernsehen, verkehrte bald in den Kreisen um Andy Warhol, eröffnete eigene Ausstellungen. 1981 wurde er zur Documenta geladen, als bis dahin jüngster Künstler überhaupt, mit 21. Inzwischen erzielen seine Bilder bei Auktionen Rekordsummen, eines seiner Gemälde wurde 2017 für 110,5 Millionen Dollar versteigert.[12]

Al Diaz blieb hingegen unbekannt. Lange Zeit, bis Oktober 2023, gab es nicht einmal einen Eintrag bei Wikipedia über ihn, man fand nur seine diversen Namensvettern, von denen einer Karriere als Basketballprofi gemacht hat, ein anderer brachte es beim Militär zu gewisser Bekanntheit. Aber der Al Diaz? Fehlanzeige. Dabei war Al Diaz als Künstler so etwas wie der eineiige Zwilling von Basquiat, die Werke, die die Karriere des einen abheben ließen, waren ja auch die des anderen, ihr Stil war identisch, sie starteten als Einheit zweier ununterscheidbarer Sprayer. Ihre Leistung, soweit man sie von außen beurteilen kann, war deckungsgleich.

Warum wurde trotzdem der eine so unfassbar erfolgreich – und der andere nicht?

Warum erinnern wir uns an die Brüder Wright als Pioniere der Luftfahrt – aber nicht an einen Landwirt aus Neuseeland, dem offenbar mehrere Monate vor ihnen der erste motorisierte Flug gelang?[13]

Warum ging Thomas Edison als Erfinder der Glühbirne in die Geschichte ein – und nicht jener Leinenweber und Autodidakt aus Schottland, der das elektrische Licht schon zum Leuchten gebracht hatte, als Edison noch gar nicht geboren war?[14]

Und so geht es weiter, von der Weltgeschichte bis in den Alltag. Warum schließt der eine mit Bestnoten die Schule ab und stolpert trotzdem durchs Berufsleben – während der andere mit mäßigen Zeugnissen einen Durchmarsch hinlegt?

Warum wird der eine befördert – und die andere nicht?

Was sind die geheimen Gesetzmäßigkeiten, die entscheiden, wer mit Ehre, Geld, Aufmerksamkeit bedacht wird und wer leer ausgeht? Woran hängt Erfolg?

Erfolg kann vieles sein. Ein Vermögen auf der Bank, eine Villa mit großem Garten in Zehlendorf, eine Jacht im Hafen von Saint-

Tropez, die erhoffte berufliche Position, der Sieg beim Marathon, der Ruhm als Street-Art-Künstler, als Schauspieler, als Erfinderin. Es müssen nicht die schweren Statussymbole sein, die für frühere Generationen den Erfolg markierten, es können auch fluidere sein, die stille Bewunderung der schärfsten Konkurrenten etwa oder auch Likes auf Tiktok, die junge Jobsuchende brachte es mit ihrem ikonischen Nervenzusammenbruch auf Zehntausende. Eines aber verbindet alle Arten von Erfolg: Sie drücken in der einen oder anderen Form aus, dass andere uns anerkennen. Und das ist es wohl auch, was wir im tiefsten Inneren eigentlich wollen, wenn wir Erfolg wollen: die Wertschätzung für das, was wir sind. Der Applaus des Publikums als Bestätigung dafür, dass man uns wirklich für die Person hält, die wir selbst in uns zu erkennen meinen.

Nur liegt darin eben auch das verborgene Dilemma des Erfolgs: Wir denken, wir haben es in der Hand, was aus uns wird. Wir müssen uns nur anstrengen, talentiert sein, etwas leisten, die Regeln befolgen, die Arnold Schwarzenegger und alle Motivationsgurus vor ihm aufgestellt haben – und machen damit immer wieder die Rechnung ohne den Wirt. Ob all das etwas zählt und anerkennenswert ist, entscheiden nicht wir. Leistung, schrieb der Soziologe Karl Mannheim im Jahr 1930 in einem inzwischen klassischen Aufsatz, sei die »Verwirklichung in irgendeinem Sachgebiet«. »Erfolg ist demgegenüber eine Art Verwirklichung im Gebiete des Sozialen.«[15] Wir können höchstens die Vorlage liefern.

Und selbst das war einmal einfacher: Leistung war im Fabrikzeitalter eindeutiger zu fassen und damit auch eindeutiger zu honorieren, man zählte die Stückzahlen am Fließband, maß die Stunden mit der Stechuhr. Heute, im modernen Wissenskapitalismus, bleibt Leistung deutungsoffener denn je: Was ist das wert, was man tut? Die Kriterien für Anerkennungswürdigkeit werden unklar und volatil, sie entgleiten uns, ihre Konturen verwischen und der Erfolg wird zu einem flackernden, undurchschaubaren Rätsel. Wir stehen da und fragen uns: Wozu das Ganze? Warum zahlen sich all die Anstrengungen nicht mehr aus?

Das Merkwürdige ist: Auch wenn wir keine Antwort darauf finden, stellen wir die Mühen trotzdem nicht ein. Vielleicht empfinden wir eine Sehnsucht nach einer Welt jenseits des Leistungsdenkens, halten uns die Möglichkeit des *Quiet Quittings* theoretisch offen, träumen von Sabbaticals und Workation und generell einem Leben mit weniger Arbeit und ohne Stress und Termindruck. Nur setzen wir es selten im Alltag um. Wer sind wir denn, wenn wir keine Ziele haben, die wir eifrig begehren? Wenn wir nicht darum kämpfen, dass unsere Identität nicht einen sozialen Gütestempel bekommt, unser Leben mit irgendeiner Art von Erfolg gekrönt wird, egal wie unberechenbar er geworden ist?

Und deswegen lautet die praktische Antwort dann eben: Wir leisten einfach weiter. Die Erfolgsaussichten werden brüchiger, aber wir hängen uns noch mehr rein. Gerade dann. Der Glaube, es schaffen zu können, wird fast zu einer kindsköpfigen Trotzreaktion: Es muss einfach. Das Enttäuschungspotenzial wächst, der Schmerz wird stärker, wenn es, mal wieder, nicht klappt, aber wir betrachten es einfach als einen toten Punkt, über den man schlicht hinausmuss. Dann klappt es am Ende vielleicht doch noch. Und wenn nicht? Wenn die Belohnung für all die Mühen weiter ausbleibt? Dann bleibt immer noch das weitere Bemühen als Mittel, der bitteren Erkenntnis zu entgehen.

Der Erfolg entpuppt sich als moderner Selbstbetrug. Wir können den Betrug in wachen Momenten erkennen oder ihn zumindest erahnen, aber kaum anders handeln. Wie auch? Es fehlt die

Alternative. Wir haben nichts anderes kennengelernt als die unerträgliche Leistungsbereitschaft des Seins. Was heißt es für uns, wenn die Erfolgsmöglichkeiten unkalkulierbar werden, aber wir als Gesellschaft weiter auf dem Leistungsprinzip beharren wie eh?

Wir kommen irgendwie nicht heraus aus der Nummer.

Man könnte höchstens die Hände falten, die Augen schließen, auf den Atem achten und die aufgepeitschten Gedanken einfach durchziehen lassen, warten, bis der geschäftige Sturm im Kopf sich gelegt hat. Bis wir ganz im Hier und Jetzt sind. Kein Ziel haben, nichts begehren, einfach nur existieren. Wir suchen die innere Harmonie, um dem ständigen Leistungsdruck zu entsagen.

Einatmen, ausatmen.

Wenn nicht das schon neue Ambitionen anfachen würde.

Einatmen, ausatmen.

Forscher der Uni Mannheim begleiteten über mehrere Wochen die Teilnehmerinnen und Teilnehmer von Yogakursen und stellten verblüfft fest, dass auch sie es keineswegs hinbekamen, ihr hibbeliges Ego zur Ruhe zu bringen. Das Ego hat sich einfach neue Erfolgsziele gesucht: Gerade dem Hamsterrad entstiegen und auf der Yogamatte gelandet, wollte es offenbar gleich aufsteigen zum Großmeister der Achtsamkeit. Teilnehmer, die nach der Stunde befragt wurden, sahen sich regelmäßig als überdurchschnittlich gute Yogapraktizierende an, Teilnehmer, die vor der Stunde befragt wurden, hatten wesentlich weniger Ambition erkennen lassen.[16] Die Übungen wecken offenbar eine Zielstrebigkeit, die vorher nicht da gewesen ist. Obwohl sie doch alles Begehren verscheuchen sollen.[17] Selbst wer in sich geht, will dabei noch etwas aus sich machen.

Das ganze Unglück der Menschen, meinte bekanntlich einmal der französische Philosoph Blaise Pascal, rühre daher, dass sie nicht ruhig in einem Zimmer bleiben können. Aber auch wenn sie es könnten: Man muss fürchten, dass sie aus irgendeinem Grunde selbst daraus einen Wettkampf machen würden.

Irgendwie ist der Ehrgeiz in die Welt gekommen wie ein drängelndes kleines Tier, das dauernd an unserem Hosenbein zerrt, egal, wohin wir auch gehen. Damit fängt es an.

1 PEINLICHER EHRGEIZ

WARUM WIR ETWAS ERREICHEN WOLLEN, ABER UNGERN DARÜBER REDEN

Es gibt Dinge, die man nicht gleich jedem erzählen sollte. Vielleicht niemandem. Oder allenfalls, wenn man es sich gut überlegt hat, der Ehefrau, während man abends im Keller seines Hauses in Washington, D.C., sitzt, an der Rudermaschine trainiert und niemand zuhört. Dann kann man offen sprechen, Zug um Zug. Und gelegentlich kann man vielleicht auch dem Publikum vor dem Bildschirm ein paar Einblicke in die wahren Pläne gewähren, aber auch nur kurz, in unbeobachteten Momenten, wenn gerade niemand hinguckt.

Am Ende der ersten Folge der Serie *House of Cards* steht Francis J. Underwood, genannt Frank, Abgeordneter der Demokratischen Partei aus South Carolina und machthungriger Fiesling, an einem Januartag draußen in der Menge vor dem Kongress und verfolgt, wie sein Parteirivale als nächster Präsident der Vereinigten Staaten vereidigt wird. Frank Underwood applaudiert lächelnd, wie es sich gehört, aber schaut dann für einen Augenblick, während alle Aufmerksamkeit auf den künftigen Mann im Weißen Haus gerichtet ist, zur Seite, um dem fernen Zuschauer ein paar unmissverständliche Andeutungen mit auf den Weg zu geben: »Wenn die Menschen in ein paar Hundert Jahren diese Szenen betrachten, wen werden sie lächelnd am Rande des Bildes sehen?« Die Kamera geht wieder in die Totale, die Menge, der Applaus, aber wer winkt da, während alle klatschen, dem Publikum entgegen? Der Ehrgeiz, noch gut getarnt, sendet einen kleinen ersten Gruß.

Damit ist klar, was hier eigentlich gespielt wird.

Wenn auch nicht mit offenen Karten.

Mehrere Staffeln lang zieht Frank Underwood im Washingtoner Politikbetrieb ganz in seinem Sinne die Strippen, manipuliert, intrigiert, begeht sogar Morde, mehrfach – und steigt immer weiter auf. Etappe für Etappe. Abgeordneter im Kongress, als *Majority Whip* der Demokraten im Repräsentantenhaus verantwortlich für die Parteidisziplin, Vizepräsident, Präsident.

Nur manchmal, selten zwar, zeigt sich dann doch auch bei einem hochtourigen Ambitionsautomaten wie Underwood ein Anflug von Verzagtheit. Aber dafür gibt es seine Frau Claire, mindestens ebenso berechnend, ebenso kalt, ebenso skrupellos, eine moderne Wiedergängerin von Shakespeares Lady Macbeth, die ihren Gatten antreibt, sobald der auch nur einen Hauch von Unentschlossenheit zu erkennen gibt.

Eines Abends kommt Frank Underwood nach Hause und beichtet seiner Frau, dass der Plan nicht aufgegangen sei und man ihn für das Amt des Außenministers übergangen habe. Vorerst also keine Beförderung. Es tue ihm leid.

Das sei nicht die Antwort, die sie akzeptieren könne, sagt Claire streng.

Und hätte das Drehbuch nicht vorgesehen, dass Frank sich sogleich wieder fängt und weiter seine verborgenen Pläne schmiedet, dann hätte die Geschichte vielleicht so weitergehen können: Claire bucht ihrem gerade etwas antriebslosen Gemahl ein Seminar bei einem Erfolgsguru, damit der mal in die Gänge kommt:

Das ist doch kein Zustand, Frank, wo ist er hin, dein Wille zur Macht?

Sie schickt ihn zu einem dieser Motivationsgenies, die auf windige Weise schwerreich geworden sind, kurz mal im Knast landeten, aber längst zurück im Business sind, um den laschen Typen beizubringen, wie man seine Ziele erreicht.

Und unversehens säße der verzagte Underwood mit seinem Tagtraum von der Präsidentschaft in einem Selbsthilfekreis, als hätte seine Frau ihn zu den Anonymen Alkoholikern geschickt, nur dass es gerade nicht um Abstinenz geht und zu allem Übel auch überhaupt nichts daran anonym ist: ein offenes Bekenntnis zum Laster der Ambition. Zusammen mit Konzerncontrollerinnen, Vorstandsassistenten und Versicherungsangestellten, die ihre Regenschirme an der Garderobe abgegeben haben, säße Frank Underwood in einer Mehrzweckhalle irgendwo am Stadtrand und würde mit der Menge die wild entschlossene Vitalitätsbestie frenetisch bejubeln, die zu Eurodance-Musik durch die Reihen Richtung Bühne sprintet. *I've Got the Power*, federnder Gang, Krawatte, weißes Hemd, das eine Spur zu eng wirkt, wahrscheinlich damit die Muskeln eine Spur zu stark erscheinen, um die mentale Kraft, die die Vitalitätsbestie den Luschen predigen wird, auch physisch gebührend zur Schau zu stellen. Begeisterung, Euphorie, Ekstase, *I've Got the Power*.

Der mental gestählte Typ zeichnet wie im Vertreterseminar am Flipchart Kreise und Diagramme auf, tippt mit dem Edding daran und blickt mit einem Selbstbewusstsein umher, als hätte er soeben die Schwerkraft neu definiert. Vielleicht erzählt er dazu noch das berühmte Paradox von der Hummel, die mit einer Flügelfläche von 0,7 cm^2 und 1,2 g Körpergewicht nach den Gesetzen der Aerodynamik flugunfähig ist (was nicht stimmt), aber bekanntlich trotzdem fliegt. Und warum? Weil sie an sich glaubt!

Weil sie sich einen Kehricht um die Gesetze der Aerodynamik schert und das Geschwätz der Miesepeter!

Ihr seid Hummeln, ruft also der Erfolgsguru. Was seid ihr? Mikro ins Publikum gehalten wie bei einem Konzert, jetzt alle, was seid ihr?

Und Underwood, unausgelasteter Kongressabgeordneter, der gern die Power hätte, kreischt mit, macht sich eifrig Notizen und denkt: Aha, also eine Hummel. Claire wird begeistert sein.

Dann schärft der Guru ihnen vielleicht noch ein, wie wichtig ein positiv kalibriertes Mindset sei, und zitiert zur philosophischen Untermauerung eine Lebensregel, die ein Investor aus dem Silicon Valley irgendwann einmal auf Koks aufgestellt hat, oder irgendwas, was im großen Buch der Weisheit namens *Der kleine Prinz* steht. Als ihre Vorbilder nennen die Erfolgsgenies Arnold Schwarzenegger, Elon Musk und Mahatma Gandhi. Und sich selbst. Weil man an sich glauben muss wie die Hummel.

Wie man jetzt die Macht im Staate an sich reißt, idealerweise auf legalem Wege und ohne Verdacht auf sich zu lenken, geht daraus zwar nicht im Detail hervor. Aber vielleicht ist es tatsächlich erst mal gut, die Fingerspitzen an die Schläfe zu legen und mit aller Konzentration das Ziel gedanklich zu manifestieren.

Es fällt schwer, sich einen gewieften Aufstiegstaktiker wie Frank Underwood in einer Mehrzweckhalle beim Motivationstrainer vorzustellen. Aber vielleicht kommen wir über diese Vorstellung dem auf die Schliche, was eigentlich so irritierend ist am Erfolgskult unserer Tage. Was einen so verstören kann an all den Massen, die die Du-kannst-alles-schaffen-Weisheiten in den sozialen Medien abfeiern, an den Menschen, die einem in der U-Bahn gegenübersitzen und *Die Gesetze der Gewinner* lesen, offenbar völlig unironisch, oder am besten noch *The Art of the Deal.* Da fröstelt es einen, wenn man diesen nach außen gekehrten Erfolgsextremismus mitansehen muss. Man bekommt eine unangenehme Gänsehaut, ein schwer greifbares Fremdschamgefühl. Der Ehrgeiz eines Frank Underwood, der nur manchmal in die Kamera gesprochen wird und immer haarscharf an der Schmerzgrenze vorbeischrammt, erscheint, auch wenn er sich im Laufe der Serie als beängstigend skrupellos erweist, angemessen verborgen, der Sache irgendwie würdiger. Aber weshalb eigentlich? Man weiß auf Anhieb nicht so recht, warum es einen so irritiert, wenn man sieht, wie die Konzerncontrollerinnen, die Vorstandsassistenten und Versicherungsangestellten den fragwürdigen Motivationsgurus an den Lippen hängen.

Vielleicht weil alles so unverhohlen blöd scheint? Weil die schlichtesten Plattitüden als höhere Weisheit ausgegeben werden (»Lass es nicht zu, dass andere deinen Traum kaputt machen«)?

Vielleicht wegen des diskussionswürdigen Preis-Leistungs-Verhältnisses? Weil all die Plattitüden mit Kursgebühren im vierstelligen Bereich bezahlt werden wollen?

Vielleicht weil die Selbstbegeisterung, die die Erfolgsgläubigen in den Powertrainings krampfhaft aus sich herausprügeln, so neoliberal und darwinistisch ist (Gier ist geil, Geld scheffeln, ein Gewinner sein)?

Alles schrecklich. Alles unangenehm. Ein überteuertes, turbokapitalistisches und triviales Selbstbejubelungsprogramm – alles Kritikpunkte, die bestimmt nicht falsch, aber eben auch verdächtig leicht zur Hand sind. So als wollte man hastig Scheuklappen aufsetzen, damit man nicht hinabschauen muss in den eigentlichen Abgrund, den die Motivationsgurus und die ihnen zujubelnden Jünger mit ihren Beschwörungen aufreißen: Könnte es sein, dass dieses Unbehagen daher rührt, dass dieser grelle, fremde, überdrehte Erfolgskult in Wahrheit mehr mit uns allen zu tun hat, als wir wahrhaben möchten?

Es ist vielleicht vor allem eine spezielle Art der Taktlosigkeit, die das diffuse Schamgefühl auslöst. Die Erfolgsgurus verheißen die unmittelbare Befriedigung drängender Aufstiegsambitionen, sie geben großspurige Garantieerklärungen, die mit der gesellschaftlichen Etikette brechen. Es gehört sich nicht, so unverblümte Versprechen abzugeben, und es gehört sich nicht, dieses Versprechen anzunehmen, ohne mit der Wimper zu zucken. Es ist irgendwie vulgär.

Die Erfolgskultur stellt die Dinge explizit aus, die wir gewöhnlich nur heimlich verfolgen, nie so freizügig, wie es dort passiert. Die Gurus springen wie die Exhibitionisten auf die Bühne, sie präsentieren unverpixelt vor großem Publikum einen Trieb, den wir im Alltag lieber verdecken. Sie kehren als Bekenntnis hemmungslos nach außen, was wir selbst nur in geheimer Mission anstreben: Aufstieg, Ansehen, Anerkennung. Sie trommeln sich wild auf die Brust und bekennen sich zu unseren verborgenen Sehnsüchten. In der Erfolgshuldigung anderer erkennen wir immer auch uns selbst, werden erinnert an unsere geplatzten Träume und die unausgesprochenen Pläne, an denen wir immerzu arbeiten, aber natürlich nicht nach der Rumpelmethode. Das ist es, was es so unangenehm macht, ihnen zuzusehen: die Konfrontation mit dem eigenen Ehrgeiz.

Wir sind genauso. Nur auf die prüdere Art.

IM BACKSTAGE-BEREICH DER QUIZSHOW

Ehrgeiz ist, wie der Literaturwissenschaftler Eckart Goebel wunderbar beschrieben hat, ein großes Tabu, ein Thema wie der Tod. Man umfährt es weiträumig, man tut, als hätte man nichts damit zu schaffen, man verleugnet es wie einen Verwandten mit problematischen politischen Ansichten. Ehrgeiz betrifft immer nur andere, nie einen selbst.[18]

Selbst Frank Underwood hat Skrupel, seinen Ehrgeiz allzu offen zur Schau zu stellen, nur das unbeteiligte Publikum weiht er dann und wann ein, wenn er aus der Szene heraus mal wieder in die Kamera guckt, in einem kurzen sarkastischen Kommentar seine Unersättlichkeit zu erkennen gibt, um sofort darauf wieder in seiner Rolle zu sein: innerlich skrupellos, aber äußerlich stets professionell. In der zweiten Staffel wird er endlich als Vizepräsident vereidigt, und als er den Amtsschwur mit theatralischer Demut inklusive eines »So wahr mir Gott helfe« beendet hat, die Hand noch gehoben, offenbart er verstohlen ans Publikum gerichtet, nun sei er nur noch »einen Herzschlag von der Präsidentschaft« entfernt. Läuft. Aber psst.

Ehrgeiz: Allein das Wort hat etwas Stechendes, so als führe man einen Dolch mit sich, jederzeit bereit, ihn dem nächstbesten Widersacher in den Rücken zu rammen. Ehrgeiz ist perfide. Ehrgeiz ist hässlich. Ehrgeiz ist abstoßend. Niemand will als ehrgeizig gelten. Darum beschreibt man sich heutzutage in der Glätte, die den Verantwortlichen aus der Personalabteilung gefällt, nicht als ehrgeizig, sondern lieber als motiviert, was den Ehrgeiz als sozial kompatibler erscheinen lässt, als habe der Personaler hier nicht einen statushungrigen Karrieristen vor sich, sondern die passgenaue Ergänzung für ein selbstverständlich motiviertes Team, das sich ganz der Sache verschrieben hat. Motivation ist wie der zurechtgestutzte Ehrgeiz, dem alle gefährlichen Leidenschaften wegdressiert wurden, ein Wolf im Business-Sakko, der nie mit den Zähnen fletscht, nie drohend knurrt, sondern sich stets dezent verhält. Den unbedingten verbissenen Ehrgeiz? Den hat man nicht.

Und man hat ihn natürlich doch.

Warum fällt es so schwer, über den Ehrgeiz zu reden?

Wer ehrgeizig ist, hat Ziele – sie aber noch nicht erreicht. Das Dumme ist: Wir wissen vorher nicht, ob wir sie erreichen werden. Selbst wenn wir eines Tages geworden sind, wer wir unbedingt werden wollten: Wie werden wir auf uns zurückblicken? Würden wir vor uns selbst bestehen? Wir tragen einen drängenden Wunsch nach einem größeren Ich in uns, aber es ist leider unklar, ob er jemals Wirklichkeit wird und, wenn ja, ob das Ergebnis etwas Gutes ist oder etwas beängstigend Groteskes. Deswegen zwingt Ehrgeiz zu verdruckstem Verhalten. Krumm und schief übt man vor dem Spiegel und träumt von einer Karriere als Popstar, aber niemand darf davon Wind bekommen, bevor der Durchbruch geschafft ist. Und danach eigentlich auch nicht. Danach vielleicht erst recht nicht.

Politiker erklären selten, sie wollten ein bestimmtes Amt unbedingt, weil sie einfach verliebt in die Vorstellung sind, mächtig zu sein. Sie betonen lieber, dass sie die Verantwortung nicht scheuen und bereitstehen, wenn ihre Partei oder das Land sie ruft; nur Friedrich Merz hat es unter Missachtung dieser Gepflogenheit an die Spitze der CDU geschafft, aber auch erst im dritten Anlauf. Der Ehrgeiz schafft eine Fallhöhe zwischen dem Ich, das wir eines Tages gern sein möchten, und dem Ich, das sich nicht sicher sein kann, ob es den eigenen Ambitionen überhaupt genügt. Klappt es, klappt es nicht? Wir laufen immer Gefahr, uns lächerlich zu machen und am Ende blamiert dazustehen als erfolgloses Großmaul.

Offener Ehrgeiz wirft Fragen auf. Auch an einen selbst. Wenn wir einmal ehrlich zu beantworten versuchten, warum wir so getrieben sind, stünden wir nämlich vor einem Rätsel. Die jahrelange Anstrengung steht selten in einem angemessenen Verhältnis zu den 15 Minuten Ruhm, die man mit etwas Glück irgendwann bekommt, und deren schnelles Verblassen allzu oft ein lang anhaltendes Verlusttrauma auslöst, an dem man noch zu knabbern haben wird, wenn man längst alt und grau und vielleicht sogar schon gestorben ist. An welchen Gewinner einer Castingsendung erinnert man sich? Und wie viele dieser Gewinner tingeln von Baumarkteröffnung zu Baumarkteröffnung, um sich über ihren rasanten Bedeutungsabfall hinwegzutäuschen?

Wenn wir den Ehrgeiz nach außen kehren, riskieren wir aber nicht nur die Blamage. Es ist auch deswegen ein unhöflicher Akt, weil es andere an deren verdeckte Ambitionen erinnern könnte – und daran, wie albern sie sind. Wir ersparen den Mitmenschen lieber dieses unangenehme Gefühl, so wie wir einer Person, die gerade derangiert mit dicken Backen von der Weisheitszahn-OP kommt, auch nicht demonstrativ den Spiegel vorhalten würden. Dass die Menschen, die zu den Erfolgsgurus pilgern, sich wenig um diese Empfindlichkeiten kümmern, macht es gerade obszön: Wie kann man nur so indiskret sein.

Natürlich fällt es auch diskreteren Menschen nicht immer leicht, ihren Ehrgeiz zu verbergen. Wenn es im Topf brodelt, klappert schon mal der Deckel, der unbedingt draufbleiben muss, weil sich angreifbar macht, aus wem die Anspruchshaltungen ungeschützt herausplatzen. »Ein eitler Mensch«, sagte der Schriftsteller Robert Musil einmal, »erweckt den Eindruck, dass er weniger leistet, als er könnte; er gleicht einer Maschine, die ihren Dampf an einer undichten Stelle entweichen lässt.«[19]

Das Management des eigenen Ehrgeizes wird also zwangsläufig zu einem einsamen Unterfangen. Wen kann man einweihen, mit wem die Absichten teilen? Wer kennt die geheimen Tipps? Wen darf man offen fragen, wo muss man sich nicht hinter Codes und Floskeln verstecken? Mit irgendwem müssen wir das alles schließlich mal besprechen, hin und wieder.

Frank Underwood schmiedet jeden seiner dunklen Pläne gemeinsam mit seiner Frau Claire. Und in Wahrheit würde sie ihn natürlich niemals ins Erfolgsseminar schicken, weil dann alle Welt merken würde, was hier gespielt wird. Man muss der Person, mit der man Strategien und Schlachtpläne entwirft, schon sehr vertrauen können, selbst wenn das Ziel nicht die Präsidentschaft, der Vorstandsvorsitz, die Teamleitung ist, sondern viele Nummern kleiner und man nur nicht länger derjenige im Büro sein will, an dem die Drecksarbeit hängen bleibt, während andere befördert werden. Aber sogar das sagt man besser nicht zu laut. Ehrgeiz ist kein gutes Gesprächsthema für mal eben so.

Der Erfolg mag fürs Publikum gedacht sein, eine Show für die große Bühne (wobei wir stets so tun, als wäre er es nicht). Die ganze mühselige Vorarbeit hat aber im Backstage-Bereich zu bleiben. Den Ehrgeiz schieben wir hinter die Kulissen.

Die Gewinnertypen machen es vor. Sie liefern scheinbar mühelose Auftritte ab, keine Spur von harter Arbeit, die sie dort hingebracht hat, kein Netz, kein doppelter Boden. Sie sehen aus, als wären sie immer schon da gewesen. Aber waren sie es wirklich?

Ach, die Gewinnertypen. Diejenigen, die auf Südseeinseln sogar die Schätze finden, die Piraten dort noch gar nicht verbuddelt haben. Die den Lottojackpot knacken, ohne dafür einen Tippschein auszufüllen. Denen der Bundespräsident die Ehrenurkunde jedes Jahr bis in alle Ewigkeit persönlich zu Hause vorbeibringt, auch wenn es eines Tages gar keine Bundesjugendspiele mehr geben sollte.

Sie laufen einem immer und immer wieder über den Weg, die Gewinnertypen, und das auch schon früh im Leben. Da übt man vor der Einschulung abendelang mühsam das Lesen. Jemand sagte, die Schule sei wichtig fürs Leben, man müsse gut sein, damit man eines Tages Astronaut werden könne oder Baggerfahrerin, und jetzt sehnt man sich mit kindlichem Stolz der Gelegenheit entgegen, das erste zaghafte Können unter Beweis zu stellen, malt sich in der Fantasie die bewundernden Blicke der anderen Kinder aus und stellt sich vor, mit welchen Worten die Lehrerin einen loben würde. Und dann sitzt sie da in der Klasse: die neue Mitschülerin, mit der man in der ganzen Vorfreude gar nicht gerechnet hatte, die schon alles kann, viel besser, viel flüssiger, und ihren Namen in Blockbuchstaben schreiben kann sie sowieso, damit hatte sie lange vorher bereits ihre Kindergartengruppe beeindruckt. Rückblickend fragen wir uns, warum wir das Desaster, so beschämend offensichtlich plötzlich alles erscheint, nicht haben kommen sehen und wie wir jemals davon ausgehen konnten, dass wir da etwas beherrschten, was andere nicht längst viel besser beherrschen. Es war ja nun wirklich nicht leicht, das Üben, und der Stolz über die bewältigte Strapaze ging da wohl ein bisschen mit uns durch, dabei hätte die Mühe eigentlich eine Warnung sein müssen: Wenn es uns schwerfällt, dann doch deshalb, weil andere viel mehr für die Sache geschaffen sind. Auch wenn wir es uns als Kind noch nicht erklären konnten: Wir haben uns damals schon von unserem Ehrgeiz aufs Kreuz legen lassen.

Vielleicht zum ersten, aber sicher nicht zum letzten Mal.

Wir sind also doch keine Überflieger, sondern die undichten Maschinen, aus denen Dampf entweicht, und wir hätten es merken können, wären wir nicht so benebelt gewesen. Und so geht es weiter, das ganze Leben. Man macht ein gutes Abitur und erwartet einen reibungslosen Start an der Uni, aber dann trifft man auf die anderen Erstsemester, und immer sind da so viele, die erkennbar klüger sind: sprechen besser Englisch, haben schlauere Bücher gelesen, stellen im Seminar fundiertere Fragen und sind überhaupt so unglaublich eloquent, dass es einem sofort die Sprache verschlägt. Wieder ist man reingefallen. Man wähnt sich bestens vorbereitet, aber es ist immer jemand da, der all die Vorbereitung scheinbar nie nötig hatte, wie beim Wettlauf von Hase und Igel. Wo immer wir uns bemühen, winkt uns ein Gewinnertyp frohgemut entgegen: Bin schon da, schön hier. Sie haben die aufregenderen Jobs, die schöneren Wohnungen, die interessanteren Urlaube, die weißeren Zähne. Und alles wie aus dem Nichts, von federleichter Hand erreicht.

Wahrscheinlich stimmt der Eindruck nicht einmal. Wahrscheinlich machen wir uns ein falsches Bild von den Superkräften der Gewinnertypen, aber es ist nun einmal das einzige Bild, das verfügbar ist – wenn wir nicht gerade wie Forscher aus der Adlerperspektive aufs Geschehen schauen können.

So wie die Psychologen der Universität Stanford, als sie in den Siebzigerjahren Studierende zu einer Art Quizshow baten.[20] Wie heißt die Hauptstadt von New Mexico? Was ist der größte Gletscher der Erde? Wofür stehen die Initialen W. H. bei W. H. Auden? Eine Versuchsperson übernahm die Rolle des Quizmasters, die andere die des Kandidaten.

Die Rollen wurden ausgelost, nichts qualifizierte den Quizmaster für seine Aufgabe, er hätte sich ebenso gut auf dem Stuhl gegenüber wiederfinden können. Eine dritte Person schlüpfte in die Rolle des Zuschauers und durfte das Frage-Antwort-Spiel zurückgelehnt beobachten. Anschließend baten die Forschenden den Zuschauer, die Allgemeinbildung der beiden anderen Versuchspersonen einzuschätzen. Obwohl der Quizmaster bloß vorgegebene Fragen ablas und nie in die Gelegenheit kam, sich mit einer Antwort beweisen zu müssen, hielten die Beobachter ihn systematisch für den Klügeren: so belesen, so gut informiert, so vielseitig bewandert. Einfach nur, weil er die Fragen vortrug.

Offenbar muss uns jemand nur in einem bestimmten Rahmen begegnen, als Quizmaster zum Beispiel, und wir interpretieren den Rahmen als Verkörperung des wahren Wesens der Person: Der Stuhl, auf dem sie sitzt, die Frage, die sie stellt – alles Ausdruck ihres Selbst, etwas, das sich quasi zwangsläufig um diese Person herum so arrangieren musste. Da ist jemand, der den Quizmaster in sich hat, und schon baut sich auf fast magische Weise die ganze dazu passende Szenerie auf, um ihn Quizmaster sein zu lassen. (Ein Großteil der Deutschen unterstellt übrigens Günther Jauch Umfragen zufolge nicht nur überragende Bildung, sondern bescheinigt ihm als vermeintlich wandelndem Lexikon sogar eine besondere Eignung als Bundespräsident, und natürlich kann man bei beiden Punkten Fragezeichen setzen.)

Da hat also zufällig jemand ein paar Wochen vor uns mit den Leseübungen angefangen und sich vielleicht genauso schwergetan wie wir, aber wir sehen nur das fertige Lesegenie und denken, es kann nie anders gewesen sein.

Die Psychologie jedenfalls hat diese Wahrnehmungstäuschung inzwischen vielfach belegt: Wir neigen dazu, die Erscheinung und das Verhalten einer Person als äußeren Ausdruck eines festen inneren Wesenskerns aufzufassen. Was glückt und gelingt, ergibt sich für Außenstehende ganz leicht und natürlich aus dem Erfolgreichen selbst. Als Beobachter sehen wir den Gewinnertypen und führen alles auf seine verborgenen Gewinnereigenschaften zurück.

Und der Gewinnertyp selbst? Kennt die ganzen Wechselfälle, die wir ausblenden. Weiß viel besser, dass er den Umständen vieles mühsam abtrotzen musste. Dass da doch mehr harte Arbeit im Spiel war und nicht einfach nur Genie und Talent. Oder einfach nur Glück?

Das Problem ist nur: Im Alltag haben wir nicht die komfortable Adlerperspektive der Stanford-Forscher. Wir bleiben an unseren

Standpunkt gebunden, wir können ihn nicht mal eben aufgeben, hinter die Kulissen steigen und den Trick überprüfen. Dass wir uns vom Gewinnertum blenden lassen, ist abstraktes Wissen, das uns im konkreten Fall wenig hilft. Wir wissen ja auch, dass Bahnschienen in Wirklichkeit immer parallel verlaufen, und trotzdem sieht es aus, als bewegten sie sich am Horizont aufeinander zu. Wir können über die Täuschung nicht hinwegsehen, selbst wenn wir um sie wissen.

Sosehr es uns einerseits ärgern mag, wenn wir mal wieder den Mund vor Staunen nicht zubekommen, obwohl theoretisch sonnenklar sein könnte, dass der Eindruck in die Irre führt, so gern verlassen wir uns auf die gleiche verzerrte Wahrnehmung, wenn wir vor anderen glänzen wollen: Sollen sie ruhig große Augen machen, wir müssen ja nicht gleich verraten, was alles dahintersteckt. Sie sind genauso naiv wie wir, die wir ständig vor Neid erblassen, und das geschieht ihnen nur recht. Der systematische Knick in der Optik kommt sehr gelegen, wenn man den Ehrgeiz vor Außenstehenden verbergen will. Lassen wir sie mal schön glauben, dass sich alles zwangsläufig ergeben hat, sie müssten sich umständlich davon überzeugen, dass die Schienen in Wahrheit parallel verlaufen und doch nicht alles unaufhaltsam auf den Erfolg zustrebt.

Ehrgeiz ist Kampf gegen Widerstände, ein Ringen mit sich und der Welt, aber das Ergebnis muss am Ende passen wie angegossen, da zwackt nichts, kein Ärmel zu kurz, kein Bein zu lang, alles sitzt perfekt. Ein Gewinnertyp sollte nicht wirken, als habe er sich nur als einer verkleidet. Noch so ein Punkt, warum die Angebote der Motivationsgurus so geschmacklos erscheinen: Sie erwecken den Eindruck, als wollten sie den Erfolg von der Stange verkaufen.

EINE REISE NACH AMERIKA

Welcher Prometheus hat das innere Feuer entfacht, das die Menschen seither mühevoll hinter einer kühlen Fassade verstecken müssen? Aus welchem Labor ist das Virus ausgebrochen, das äußerlich seelenruhige Zeitgenossen innerlich so hibbelig werden lässt? Was hat unseren Blick so unselig auf einen Horizont gelenkt, dem wir immer vergeblich entgegenstreben? Wie kam der Ehrgeiz in die Welt?

Im Frühjahr 1831 reiste ein junger Jurist aus normannischem Adel, keine 30 Jahre alt, über den Atlantik in die Vereinigten Staaten. Eigentlich war der Auftrag überschaubar, mit dem die französische Regierung Alexis de Tocqueville losgeschickt hatte: Er sollte das Gefängnissystem der USA untersuchen. Zurück von seinen Reisen kam er aber mit dem ganz großen Panorama der amerikanischen Gesellschaft. Er schrieb über die Verfassung und ihre Institutionen, das Wahlrecht, die Parteien, die Gerichte, über die Presse, die Eigenheit des amerikanischen Literaturbetriebs, das amerikanische Verständnis von Wissenschaft, die Bedeutung der Religion, das Vereinswesen, das Leben in den Städten und Gemeinden, das Verhältnis der Geschlechter, die Rolle des Militärs. Sein Bericht *Über die Demokratie in Amerika* ist heute ein Klassiker, und es ist eine verblüffend präzise Beschreibung der seltsamen Unruhe, von der moderne Gesellschaften seither erfasst sind. Tocqueville ahnte, dass sich in dieser rätselhaften, überschäumenden Nation, damals gerade einmal ein halbes Jahrhundert alt, ein Wandel vollzog, der auch Europa bevorstehen würde. Und er fand eine erstaunliche Erklärung dafür, was uns alle so strebend hat werden lassen.

Bei seinen Streifzügen durch das Land fiel Tocqueville immer wieder die ständige Umtriebigkeit der Amerikanerinnen und Amerikaner auf. Niemand schien jemals zu rasten, ein jeder wirkte, als stünde der nächste Schritt in ein blühendes Dasein unmittelbar bevor, Verschnaufpausen galten als bloße Zeitverschwendung, und staunend hielt Tocqueville fest:

> *In den Vereinigten Staaten baut ein Mann ein Haus, um darin seinen Lebensabend zu verbringen, und verkauft es, bevor das Dach gedeckt ist; er pflanzt einen Garten und verpachtet ihn, sobald die Baüme Früchte tragen; er bestellt ein Feld und überlässt die Ernte anderen; er ergreift einen Beruf und gibt ihn auf; er lässt sich an einem Ort nieder, den er bald darauf wieder verlässt, um seine wechselnden Sehnsüchte anderswo auszuleben.*[21]

Der Wunsch nach Verbesserung der eigenen Lage, das permanente Pläneschmieden, der Ehrgeiz an jeder Ecke – warum gab es das so in Europa nicht? Und warum gab es das hier?

Selbstverständlich war der Ehrgeiz auch in der Alten Welt kein vollkommen unbekanntes Phänomen. Es gab ihn immer schon und zu allen Zeiten, aber er blieb begrenzt. Er zeigte sich eher im Größenwahn einiger Hochgeborener, die auf ihren Nachruhm schielten, das aber umso heftiger als der moderne Durchschnittsamerikaner, auf den Tocqueville traf. Die Ehrgeizigen, das waren einst die Feldherren wie Alexander der Große, die die halbe Welt eroberten, als würden sie nur mal eben ihren Vorgarten erweitern wollen, die Monarchen wie Ludwig XIV., die Schlösser bauten, die selbst mit ihren tausend Zimmern nicht annähernd den erklärten Machtanspruch zu demonstrieren vermochten. Der Ehrgeiz war die gesellschaftliche Ausnahme, ein Zeitvertreib für jene Kreise, in denen Shakespeare seine Dramen angesiedelt hatte. Eher eine

Angelegenheit für Könige und Thronfolger als für den Otto Normalbauer. Ein hochprozentiges Konzentrat, in dem all die Ambitionen, die man den Untertanen nicht zugestand, so verdichtet waren, dass es jederzeit detonieren konnte. Mit solcher Sprengkraft, dass anschließend die halbe Welt in Flammen stand.

Heute ist ein Gigantomane mit kurzer Zündschnur in der Mehrzahl der Fälle doch eine eher lächerliche Figur, sogar als angeblich mächtigster Mann der Welt: Wer sich als US-Präsident für so großartig hält, dass er keine Wahlniederlage akzeptieren kann, gilt in der Regel nicht als souverän – außer vielleicht bei seinen fanatisierten Anhängern. Er gilt vor allem als übergeschnappt. Die Serienfigur Frank Underwood schien das bei aller Ruchlosigkeit zu spüren, ein anderer US-Präsident nicht.

Dass der Ehrgeiz alle erfasst hat, heißt auch, dass man ihn besser vor den missgünstigen Blicken anderer verbirgt, die ebenfalls auf ihren Vorteil aus sind. Man lebt ihn lieber nicht als selbstbesoffenen Spleen aus. Die Moderne hat den Ehrgeiz omnipräsent werden lassen, was vielleicht mit dazu beigetragen hat, dass ein Tabu um ihn herum entstand.

Denn das war die historisch bis dahin unbekannte Entwicklung, die Tocqueville den USA attestierte: Der Ehrgeiz zeigte sich hier erstmals in der Geschichte nicht als großspurige Schrulle der obersten Stände, er war zu einer Jedermann-Eigenart geworden, kleingehackt und sozial zerpudert, verstreut über alle Gruppen und Kreise. Überall zischte und schäumte er, auch wenn er nirgendwo explosiv brodelte. Der Ehrgeiz war dosierter, aber dafür allgegenwärtig. Man traf ihn an jeder Straßenecke, wo jemand gerade ein Haus baute, das er verkaufte, ehe das Dach gedeckt war, weil irgendein höchstwahrscheinlich unbegründetes Gerücht in seiner hungrigen Seele die Hoffnung geweckt hatte, dass es weiter westlich vielleicht einen noch besseren Platz zum Leben gab.

Hoffnungen, so weit der Horizont reichte. Es hieß ja, in Kalifornien sei bei Sutter's Mill Gold gefunden worden.

In den jungen USA, die Tocqueville kennenlernte, gab es kaum jemanden, der seinem Größenwahn mit einem Schloss mit tausend Zimmern ein Denkmal setzte (noch nicht), dafür schien ein jeder ständig auf den kleinen Gewinn aus zu sein: ein paar mehr Hektar Ackerfläche, das etwas größere Anwesen, die eine Annehmlichkeit zusätzlich im Leben. Nichts, was sich nicht immer noch ein bisschen optimieren ließe. Niemand, der nicht ergriffen wäre von einem »sehnsüchtigen Verlangen nach Aufstieg«, wie Tocqueville es ausdrückte.[22] Bloß warum? Wieso waren die Menschen plötzlich alle aufgebrochen zur Suche nach dem Erfolg?

Tocqueville gibt darauf eine überraschende Antwort: weil sie gleich waren. Erst die Demokratie macht breiten Kreisen Appetit auf Ambitionen. Der überall entfachte Ehrgeiz ist eine paradoxe Folge einer egalitären Gesellschaft, in der die Bürger sich grundsätzlich als ebenbürtig ansehen. Natürlich wurde die Gleichheit der Menschen, die die USA offiziell hochhielten, in der Geschichte immer wieder mit Füßen getreten, es gab die Sklaverei, Indigene wurden vertrieben und ermordet, Frauen lebten keineswegs auf Augenhöhe mit Männern. Aber zumindest für Männer galt in Amerika, wenn sie weiß waren und europäisch, ein Maß an Gleichheit, das in weiten Teilen des alten Kontinents unbekannt war. Sie waren nicht mehr an den Stand ihrer Geburt gebunden, sie konnten sich ihre Bestimmung selbst suchen. Die europäische Sozialordnung mit ihren festgefügten biografischen Bahnen samt dem dafür überlieferten Repertoire an Lebensregeln bot in der Neuen Welt am anderen Ufer des Atlantiks keine Orientierung mehr. Für die Ständegesellschaft der Alten Welt galt, laut Tocqueville: »Nichts rührt sich, alles ist ungleich.«[23] Und in den USA? Genau andersherum. Alle sind gleich. Und jeder rührt sich.

In Europa war der Raum für ambitionierte Selbstoptimierung begrenzt: Man kam als Mitglied eines bestimmten gesellschaftlichen Standes auf die Welt, und die weitere Aufgabe lag darin, die Standesrolle ehrenhaft auszufüllen. Die Aufgabe lag nicht darin, über sie hinauszuwachsen. Die Gesellschaft war in Schubladen sortiert, Adel und Klerus, Handwerker, Bauern, Bürgerliche – und ein Sprung von der einen Schublade in die andere kam zwar gelegentlich vor, war aber nicht vorgesehen. Man musste seinen Platz im Leben nicht finden, man hatte ihn in der Regel schon. Niemand verlangte Selbstverwirklichung. Man durfte für gewöhnlich nichts aus sich machen, man musste es aber auch nicht.

Zu Tocquevilles Zeiten waren die sozialen Gegensätze vor allem im behäbigen Europa schroff, wo die prunksüchtige französische Königin Marie-Antoinette dem hungernden Volk der Legende nach geraten haben soll, es möge doch Kuchen essen. Im jungen Amerika gab es dagegen weder die unfassbar Reichen noch die unerträglich Armen, der Besitz war breit gestreut, die Vermögensunterschiede so eben wie die Prärie. Wer in Boston von Bord ging, dem standen alle Möglichkeiten offen, seine Lebensgeschichte nach eigenen Vorstellungen zu schreiben. Die USA waren das erste Land, in dem erklärtermaßen einzig Willen und Entschlossenheit die Biografie der Menschen bestimmen sollten. Thomas Jefferson, einer der Gründerväter der Vereinigten Staaten und später ihr dritter Präsident, schrieb dieses Ideal gleich an den Anfang der amerikanischen Unabhängigkeitserklärung: »Folgende Wahrheiten erachten wir als selbstverständlich: dass alle Menschen gleich geschaffen sind; dass sie von ihrem Schöpfer mit gewissen unveräußerlichen Rechten ausgestattet sind; dass dazu Leben, Freiheit und das Streben nach Glück gehören.«

Gleichheit heißt nicht unbedingt, dass sich alle Menschenkinder in Harmonie an den Händen halten. Und nur manchmal, in revolutionären Phasen, sieht man sich als eine große Schicksalsgemeinschaft, die unter Berufung auf Freiheit und Menschenwürde gegen einen fernen Monarchen und dessen geringfügige Besteuerung von Teeprodukten kämpft. Gleichheit heißt vor allem, dass man die Mitmenschen als ebenbürtig ansehen und es damit, das ist Tocquevilles Pointe, mit ihnen aufnehmen kann. Die egalitäre Demokratie stachelt ihre Bürgerinnen und Bürger ständig zu kleinen Statuswettkämpfen an: Es herrscht die Konkurrenz aller mit allen, der Mensch ist des Menschen Wettbewerber. In Europa konnte ein Bauer nicht einfach so beschließen, dass er jetzt die Lebensweise eines Adeligen anstreben wolle, und ein Schmied wäre nie auf die Idee gekommen, ein Investmentbanker mit Doppel-MBA zu werden und sich dann um hohe politische Ämter zu bewerben. Aber hier, in den USA? Theoretisch stehen alle Wege allen offen. Und rings um sich sieht man Menschen, die einem ganz offensichtlich nicht unähnlich sind und beständig etwas aus sich machen, die Häuser bauen und sie verkaufen, noch bevor das Dach gedeckt ist, die einen Beruf ergreifen und ihn wieder aufgeben, sich niederlassen und dann doch weiterziehen, um anderswo ihr Glück zu suchen. Und man denkt: Das könnte auch ich sein. Schon beginnt man ebenfalls, »kleine Dinge, die in Reichweite liegen, eifrig zu begehren«.[24] Der Tellerwäsche kann es vielleicht nicht gleich zum Millionär bringen, aber zumindest zum Restaurantbesitzer, der Nachbar macht es vor, und warum macht man es ihm nicht nach? »Keeping up with the Joneses« – die Redensart erweist sich als das heimliche Motto der Nation.

Tocqueville schreibt:

In dem Maße, in dem der Reichtum sich verteilt und das Wissen sich verbreitet, ist niemand mehr völlig ohne Bildung oder Besitz; da die Privilegien und Ungleichheiten der Kaste abgeschafft sind und die Menschen die Fesseln, die sie einst festhielten, gesprengt haben, drängt sich jedem der Gedanke an einen Aufstieg auf, schwillt das Verlangen, aufzusteigen, in jedem Herzen an, und alle Menschen wollen sich über ihren Stand erheben. Ehrgeiz ist das allgemeine Gefühl.[25]

Aber was bleibt von der Idee der Gleichheit, wenn sie dazu führt, dass ein jeder versucht, besser dazustehen als der Nächste? Wo alle vom Aufstiegswillen erfasst sind, droht auch für jeden jederzeit der Rückfall hinter jeden anderen – so als stiege man eine abwärts fahrende Rolltreppe hoch: Man hastet an gegen die ständige Gefahr, nicht mithalten zu können. Wenn der Ehrgeiz das allgemeine Gefühl wird, wird die Gleichheit mürbe. Das zumindest ist eine Konsequenz, die Tocqueville andeutet: Der Überbietungswettbewerb untergräbt sein eigenes Fundament. Alle sind gleich, aber jeder will ein bisschen gleicher sein.

Auch deswegen, schreibt Tocqueville, braucht die demokratische Gesellschaft bald wieder Mittel, um den Ehrgeiz einzufangen. Eine Weile lang scheint in einer Gesellschaft der Gleichen allen alles möglich, aber dann dämmert es ihr, dass es mit der ungezügelten Ambition auf Dauer nicht gut gehen kann. Da könnte ja jeder kommen. Es werden also Institutionen ersonnen, die den Ehrgeiz einhegen, Zugangsbarrieren werden definiert, Ausbildungspfade vorgezeichnet, Laufbahnen entworfen und abgesteckt. Das Biest muss gleich an die Leine, damit es nicht vorprescht und wild brüllt und andere mit dem klammen Gefühl zurücklässt, nicht mithalten zu können. Der Ehrgeiz wird portioniert, der raketenhafte Aufstieg ausgebremst und in kleine Pflichtetappen unterteilt, in jeden Erfolgspfad baut man Zwischenhürden ein, die unter bürokratischer Aufsicht und in vorgegebener Abfolge zu überwinden hat, wer es im Leben zu etwas bringen will. Die himmelstürmende Ambition wird auf Nahziele verpflichtet, die Kometenlaufbahn zur Karriereleiter reduziert. Ausbildung, Abschlussprüfung, Anstellungsverhältnis. Beförderung, Bewilligung, Bausparvertrag. Statt des großen Sprungs viele Trippelschritte, sodass niemand dem anderen plötzlich völlig außer Sichtweite geraten kann. Die alltäglichen Mühen des Vorankommens lassen die Luft aus dem hochfliegenden Ehrgeiz – aber sie lassen die Erfolgsmöglichkeiten auch planbar und zugänglich erscheinen, offen für alle. Allerorten muss man Bewährungsproben bestehen, ehe sich das sehnsüchtige Streben dann eines fernen Tages endlich erfüllt. Und dann, wie kurios, kann es passieren, dass man gar nicht weiß, warum man überhaupt so hoch hinauswollte, man hat es unterwegs einfach vergessen. Vielleicht ist man am Ende der langen Reise auch einfach nur erschöpft.

Die großen Ziele, die man ursprünglich anvisierte, hat man stets zugunsten der kleineren zu verheimlichen, mitunter vor sich selbst, mitunter erfolgreich. Vorgetäuschte Bescheidenheit ist nicht nur eine Sicherheitsvorkehrung im eigenen Seelenhaushalt, sondern auch ein unausgesprochener Teil der sozialen Gepflogenheiten. Es wäre peinlich, sich frühzeitig und offen zum Wunsch zu bekennen, eines Tages Unternehmensvorständin zu werden oder Regierungschef. Dass Gerhard Schröder als junger Politiker an den Gittern des Kanzleramtes gerüttelt und »Ich will da rein!« gerufen haben soll, kann man auch nur deshalb bestaunen, weil es am Ende tatsächlich geklappt hat. Sonst stünde er bloß da wie ein Trottel aus Hannover mit zu großem Ego.

Zu erkennen gibt man allenfalls, dass man sich motiviert der nächsten anstehenden Bewährungsprobe stellt, aber angeblich auch nur deswegen, weil man irgendwie in etwas hineingeraten ist (in einen Studiengang, einen Job, eine Fachlaufbahn). Jetzt ist man halt da und tut, angeblich ohne jeden Hintergedanken, was man für seine Pflicht hält. Sorry, wieder mal keine Zeit fürs Kino, morgen ist diese Teampräsentation, die ich leider den ganzen Abend weiter vorbereiten muss (damit ich in der Gunst der Chefin steige, sie mir in zwei Monaten die Projektleitung zutraut, damit ich mich beweisen kann als ihr potenzieller Stellvertreter, wenn der aktuelle in zweieinhalb Jahren in Rente geht, damit ich schon mal in der Position bin, in fünf Jahren ihre Nachfolge anzutreten, weil sie, wie man munkelt, auf die Gesamtleitung schielt).

Wer seine strategischen Überlegungen verbirgt, schützt sich davor, sich lächerlich zu machen. Aber nicht nur davor bewahrt die Diskretion: Andere würden zu Recht mit den Augen rollen, wenn der Ansporn uns aus jeder Pore tropft. Sie würden argwöhnen, da wolle sich einer erheben über seinesgleichen, da halte einer unruhig Ausschau nach der Abkürzung zum Erfolg. Da stehe einer kurz davor, seinen ganzen ungeschützten Drang zum nächstbesten Motivationsguru ins Seminar zu tragen, damit der bitte die Schleichwege aufzeigt – die man aber eigentlich nicht einschlagen darf. Denn es gibt ja den offiziellen Pfad, der in seiner Kleinteiligkeit suggeriert, dass alle ihn nehmen und mit Durchhaltevermögen das Ziel erreichen können.

So tun, als wäre man immer schon da gewesen, kann man erst, wenn man wirklich am Ziel ist. Dann ist man wie der Quizmaster aus dem Experiment: an Ort und Stelle vom Himmel gefallen.

Es dürfen keine Schweißperlen am Erreichten kleben, sonst ist es verbissenes Strebertum. Der moderne Kult um den Erfolg laviert in einer Zwickmühle: Verlockend ist der Erfolg erst, wenn man ihn wie ein nicht zu imitierendes Unikat präsentieren kann. Gesellschaftlich akzeptabel ist er nur, wenn er auf nachahmbaren Taten beruht. Er muss mühelos erscheinen – und trotzdem mit Mühe verlässlich erreichbar sein.

2

VON NICHTS KOMMT NICHTS

N.Y.

WARUM WIR ERWARTEN, DASS SICH HARTE ARBEIT AUSZAHLT

Im Großbritannien des Jahres 2034 herrscht Gerechtigkeit auf Erden. Selbstverständlich mit klitzekleinen Schönheitsfehlern und gelegentlichen, vernachlässigbaren Protesten der Bevölkerung, die der Premierminister nicht als nahende Revolte interpretiert, sondern eher als zarten Hinweis, den eingeschlagenen Kurs nur konsequenter fortzusetzen und einige wenige verbliebene Schwachstellen eines im Kern wunderbar aufgesetzten Systems anzugehen. Die vorherrschende Meinung lautet, dass die Gesellschaft aufs Vortrefflichste eingerichtet ist. So gerecht, wie noch keine vor ihr je gewesen ist. Alles fair, alles nachvollziehbar, alles wunderbar.

Wie großartig das Land funktioniert: Im Großbritannien des Jahres 2034 gibt es brillante psychologische Testverfahren, so brillant, dass nahezu alle Menschen mit nie zuvor erreichter Treffsicherheit auf die für sie geeignetsten gesellschaftlichen Positionen verteilt werden können. Ein jeder findet einen Platz entsprechend seinen Verdiensten, alles transparent nachgehalten, alles abgewogen und begutachtet, alles nach objektiven Standards entschieden. Keine Zweifel, keine Bedenken, keine Fragen.

Willkommen in der perfekten Leistungsgesellschaft.

Ein solches Zukunftsszenario entwirft der britische Soziologe Michael Young. Seine Schrift *The Rise of Meritocracy* aus dem Jahr 1958 ist eine Gesellschaftsanalyse, die wie ein utopischer Roman daherkommt, geschildert von einem fiktiven Forschungsreisenden, kurz vor einem Umsturzversuch, den die Eliten des Landes nicht kommen sehen. Wie auch? Man war unglaublich stolz darauf, in dieser neuen Gesellschaft so viele Quellen offenkundiger Ungerechtigkeit beseitigt zu haben. Der Nepotismus, mit dem Väter ihre Söhne auf lukrative Posten hievten: überwunden. Die zufälligen Vorteile, die sich aus der Geburt in die richtige Familie ergeben: ersetzt durch vorurteilsfreie Verfahren. Früher konnte die richtige Herkunft wie eine Rakete sein, die einen ohne eigenes Zutun in der Gesellschaft nach oben schoss. Jetzt ist der Motor ausgebaut und diese Rakete ein Fall fürs Museum. Man muss schon selbst für Antrieb sorgen, sich reinhängen, die Tests bestehen, wenn der Aufstieg gelingen soll.

Ist das denn nicht besser?

Den Anfang nahm die Entwicklung, so beschreibt es Young, nach dem Zweiten Weltkrieg, als Arbeiterbewegung und Konservative eine unwahrscheinliche Allianz eingingen. Eigentlich hatten sie sehr entgegengesetzte Vorstellungen davon, was eine gerechte Gesellschaft ist: Sollen die Reichen mehr abgeben? Oder muss man ertragen, dass nicht alle gleich viel haben? Die Ideen waren kaum miteinander zu vereinen. In einem Anliegen aber konnten beide Seiten zueinanderfinden: im Kampf um mehr Chancengleichheit. Die Arbeiterinnen und Arbeiter hofften, dass ihre Kinder es eines Tages besser haben würden. Und die Konservativen hofften, dass sich die Forderung nach Umverteilung erübrigt, wenn nur alle Strebsamen und Ehrgeizigen Wege hätten, um sozial aufzusteigen – denn dann wäre ein Teil der Arbeiter ja irgendwann selbst reich und würde es bestimmt auch gern bleiben. Warum sollte man den Reichen nehmen wollen, wenn man glauben darf, dass man bald selbst dazugehört?

Der Malocher mit Ruß auf der Wange nickte da genauso wie der Liberale im feinen Zwirn: Chancengleichheit kam ihnen beiden wie ein plausibles Ziel vor, Chancengleichheit war die große klassenverbindende Internationale der Nachkriegszeit, ein Wort, so schön, dass es alle Widersprüche in Luft aufzulösen scheint, ein Wort, bei dem, sobald man es anstimmt, der zweite Teil den ersten übertönt. Ein fauler Kompromiss in Form eines Kompositums: Alles klingt nach Gleichheit – bis sich am Ende herausstellt, dass es doch das glatte Gegenteil ist und im Ergebnis sogar ziemlich unerfreulich.

Das große Reformprogramm, so beschreibt es Young, begann an den Schulen. Lange konnten sich die Kinder der Oberschicht zu guten Abschlüssen durchbummeln, während reihenweise lernwillige Arbeiterkinder durchs Raster fielen – ein Zustand, den man letztlich auch als volkswirtschaftlich fragwürdig erkannte: Die Firmen bekamen nicht das bestmögliche Personal, und die Regierung musste sich allein schon aus Sorge um die internationale Wettbewerbsfähigkeit darum kümmern, dass die Bildungsinstitutionen die künftige Angestelltenschaft zuverlässiger nach Eignung vorsortieren. Die Schullaufbahnen wurden von nun an streng an Tests gekoppelt, die zu bestehen hatte, wer vorankommen wollte.

Bis zu diesem Punkt klingt Youngs Leistungsutopie aus den Fünfzigerjahren noch recht vertraut: Ihr Sound ähnelt sehr den Debatten, die wir auch heute führen. Man vernimmt in ihr ein vertrautes Echo der ständigen Sorge, ob in den Schulen wirklich alle Kinder ungeachtet ihrer Herkunft mit ähnlich guten Aussichten ins Leben starten können (können sie natürlich nicht, auch heute nicht, insofern prognostiziert Young für die Umbaumaßnahmen im Bildungssystem der Nachkriegszeit doch einen sehr viel formvollendeteren Abschluss, als ihn unsere ungeordnete, struppige Gegenwart bieten kann).

Aber die großen Gesellschaftsreformer blieben in Youngs fiktivem Bericht nicht bei der Schule stehen. Mit der Zeit nämlich, so erzählt er die Geschichte weiter, stellte sich heraus, dass die Änderungen nicht weitreichend genug waren, um wirklich die Gerechtigkeit auf Erden zu schaffen. Die Leistung trug die Leistungsfähigen zwar durch Bildungsinstitutionen bis in den Job – aber danach waren die Auswahlkriterien weiter so diffus wie in finsteren Zeiten. An einem frühen Punkt der Biografie brach das Leistungsprinzip urplötzlich ab. Der große Umbau der Gesellschaft, so mussten die Reformer feststellen, war auf halbem Wege stecken geblieben: Man hatte ein bisschen Recht und Ordnung geschaffen, aber noch viel zu viel wilden Westen übrig gelassen. Im Arbeitsleben ging es wieder zu, als hätte es den Kampf gegen Kumpanei und Vetternwirtschaft nie gegeben. Was also tun?

Unter dem öffentlichen Druck führten die Firmen nach und nach Tests ein. Den Aufstieg musste man sich jetzt auch über die Schule hinaus verdienen. Schließlich nahm sich die Regierung der Sache an, um die Maßstäbe der Leistungsmessung weiter zu objektivieren. Sie ließ überall im Land *Regional Adult Education Center* einrichten, die nach einheitlichen Vorgaben für die Betriebe Tests organisierten. Im Fünf-Jahres-Takt mussten die Beschäftigten zur Prüfung antreten. Alle Beschäftigten. Nicht nur die, die um eine Beförderung gebeten hatten. Manche Firmen zelebrierten es wie einen Festtag, wenn die Ergebnisse verkündet wurden. In der perfekten Leistungsgesellschaft des Jahres 2034 hatte sich das Leben nach und nach in ein riesiges Bootcamp verwandelt.

Die Vorrechte für Ältere, die Bevorzugung von Freunden und Familienangehörigen, die Macht von Seilschaften und Kontakten, von Kungelei und Klüngel: alles endlich abgeschafft und ersetzt durch ein System, das wirklich gewährleistet, dass Status nach nachvollziehbaren Kriterien vergeben wird.

Youngs Zukunftsvision popularisierte den Begriff, den wir mittlerweile wie selbstverständlich im Munde führen, um die Idee auszudrücken, dass nicht Geburt und Glück, sondern Talent und Anstrengung über die Position eines Menschen in der Gesellschaft bestimmen sollen: Meritokratie. Die Herrschaft der Verdienten.

Heute ist der Begriff fast immer positiv besetzt, weil eine Herrschaft der Unverdienten ja tatsächlich widersinnig wäre. Was soll man die Tagträumer denn auch mit Macht und Einfluss belohnen? Meritokratie ist etwas Erstrebenswertes, fast ein Idealzustand – dabei wollte Young gerade kein Plädoyer für eine solche Gesellschaft schreiben, sondern im Gegenteil: eine Warnung. Seine Absicht war es nicht, die Meritokratie als mustergültiges Modell zu loben, er wollte darauf hinweisen, dass sie mit Entwicklungen einhergeht, die nicht so wünschenswert sind, wie man im ersten Moment glauben könnte. Wo lückenlos nach Leistung ausgewählt wird, bleibt den Zurückgelassenen keine andere Erklärung für ihr Los als die eigene Mangelhaftigkeit. Man steigt verdient auf – aber man bleibt ebenso verdient zurück. Man gewinnt auf eigene Rechnung – so wie man stets auf eigene Rechnung verliert. Hinter der Meritokratie verbirgt sich ein Menschenbild, das sich als harsch erweisen kann. Und Chancengleichheit ist eben nur dem Wortstamm nach eine Form der Gleichheit: Wem das Ergebnis nicht passt, der hat Pech gehabt. Es hätte sich jeder um ein größeres Stück vom Kuchen bemühen können. Die Möglichkeiten waren ja immer da. Angeblich.

Von dieser Warnung, die Young im Sinn hatte, ist indes nicht viel geblieben. In einem Zeitungsbeitrag im Jahr 2001 gab Young zu Protokoll, dass die Wirkung seines Buches ihn enttäuscht habe, immerhin bekannte sich in Großbritannien mittlerweile sogar die sozialdemokratische Labour-Partei offen und unkritisch zur Meritokratie.[26] Die Dystopie war zur Verheißung geworden.

Auf den ersten Blick kommt die Meritokratie wie gerufen, um das große Dilemma zu lösen, auf das Alexis de Tocqueville bei seiner Amerika-Reise gestoßen war: Wie schützt man die Idee der Gleichheit, der sich demokratische Gesellschaften verpflichtet fühlen, vor dem in ihr eingebauten Selbstzerstörungsmechanismus? Wie verhindert man, dass sie unter die Räder gerät durch den hemmungslosen Überbietungswettbewerb, zu dem sie die Menschen anstachelt? Wie beugt man dem großen Zusammenprall vor, wenn alle ungebremst nach Status streben? Wie befriedet man die moderne Konkurrenz aller mit allen? Vielleicht so: Indem man die Ambitionen portioniert. Indem man Zwischenetappen einzieht und die Menschen nur mit erbrachten Leistungsnachweisen zur nächsten Station weiterlässt. Meritokratie ist wie eine Art gesellschaftliches Ehrgeizbewältigungsprogramm, bei dem ein Schaffner herumgeht und darauf achtet, dass sich niemand an den allgemeinen Beförderungsbedingungen vorbei den sozialen Aufstieg erschleicht: die Fahrscheine, bitte.

Im Prinzip war das Großbritannien der Zukunft, das Young entwarf, zu einem Land der ständigen Ticketkontrolle geworden.

Und im Prinzip findet diese Idee viel Zuspruch – weiterhin, all den Warnungen zum Trotz, die Young im Sinne hatte. Wer will schon Schwarzfahrer?

Gut 85 Prozent der Menschen in Deutschland halten es für gerecht, wenn Personen bekommen, was sie sich durch ihre Anstrengungen erarbeitet haben, wie eine Umfrage im Herbst 2021 ergab. Nur knapp neun Prozent empfinden es hingegen als gerecht, wenn man im Leben Vorteile daraus zieht, aus einer angesehenen Familie zu stammen.[27] Eine internationale Vergleichsstudie zeigt zudem, dass in einem Großteil der untersuchten Länder der Glaube an die Leistungsgerechtigkeit im Zeitraum von 1930 bis 2010 nicht etwa zurückgegangen ist. Im Gegenteil: Er hat allen Debatten um *Quiet Quitting* und die angeblich vorrangig freizeitorientierten Berufsanfänger zum Trotz zugenommen, besonders stark übrigens in Deutschland.[28] In ihrer viel beachteten Studie *Triggerpunkte* stellten die Soziologen Steffen Mau, Thomas Lux und Linus Westheuser unlängst sogar fest, »dass Ungleichheitskritik und Meritokratieglaube insbesondere in den unteren Statuslagen oft Hand in Hand gehen«.[29] Kleingewerbetreibende, Industriearbeiter, Verkäuferinnen und Reinigungskräfte empfinden den Gegensatz zwischen Arm und Reich als zu groß – und gleichzeitig glauben paradoxerweise gerade sie selbst besonders stark daran, dass ein jeder seines eigenen Glückes Schmied sei. Zwei Seelen wohnen ihnen da in der Brust: Die Welt ist himmelschreiend ungerecht, aber man will so sehr an das Leistungsprinzip glauben, dass man sich über die Verhältnisse allenfalls abstrakt empört.

Leistung muss sich lohnen: ein Satz, den man, sobald man ihn hingeschrieben hat, umgehend hinterrücks ermorden möchte durch eifriges Abdrücken der Löschtaste. Eine Phrase so platt wie die Wahlplakate, auf die sie schon viel zu oft gedruckt wurde. Eine Formel, die längst zur Parodie ihrer selbst geworden ist, so exzessiv, wie interessierte Kreise sie herbeizitieren zur Rechtfertigung für durchschaubare Klientelpolitik wie Steuersenkungen im oberen Einkommenssegment. Aber eigentlich denken wir genau das: Leistung muss sich lohnen.

Und sie lohnt sich ja wirklich. Oft genug jedenfalls. Bleiben wir am Morgen im Bett liegen, bleibt der Frühstückstisch ungedeckt. Aufstehen wirkt. Die Wohnung verkommt, wenn wir uns nicht von Zeit zu Zeit zum Putzen durchringen. Ohne den gelegentlichen Gang ins Büro kein Geld auf dem Konto. Und wie erklärt sich das wohlige Gefühl der Ermattung, das sich nach einem Besuch im Fitnessstudio oder manchmal sogar nach einem langen und durchaus erfüllenden Arbeitstag einstellt, wenn nicht mit einer zuvor erbrachten Leistung? Jeder Versuch der Alltagsbewältigung scheint uns aufs Neue das Leistungsprinzip zu bestätigen. Wir glauben aus eigener Erfahrung intuitiv zu verstehen, was mit Leistung gemeint ist, sodass wir sie kurzerhand zum Funktionsprinzip für geregelte und in überschaubare Etappen gegliederte Aufstiege in der Gesellschaft erklären. Von nichts kommt nichts: Das lehrte der antike griechische Naturphilosoph Parmenides über die Verhältnisse im Kosmos, das sagte der alte König Lear bei Shakespeare zu seiner Tochter, das hält jeder Großvater den Enkeln entgegen, wenn die über die Schwierigkeiten in der Schule jammern, und alle plappern es rauf und runter: Von nichts kommt nichts. Die Plausibilität solcher Redeweisen ist so erdrückend – man ist gleich geneigt anzunehmen, dass von etwas auch zwingend etwas kommen muss. Was so herum keineswegs gesagt ist.

Leistung ist das einzige Kriterium für die Unterscheidung von verdientem und unverdientem Erfolg, auf das sich alle einigen können. Worauf man sich nicht so einfach verständigen kann: was Leistung eigentlich ist.

Der Begriff entgleitet einem wie ein Stück Seife, sobald man ihn zu fassen bekommen will. Selbst da, wo man es nicht erwartet. Wo er angeblich doch fest und griffig ist. Etwa im Sport.

EIN DENKWÜRDIGER MARATHONLAUF

Der Startschuss ist gefallen, nahe Schloss Windsor, westlich von London, und nun warten im White City Stadion, einer eigens für diese Olympischen Spiele errichteten Arena, Zehntausende Zuschauerinnen und Zuschauer auf den Einzug der Marathonläufer. In den Reihen sitzt an jenem 24. Juli 1908 auch der Schriftsteller Arthur Conan Doyle, berühmt als Erfinder der Detektivfigur Sherlock Holmes. An diesem sonnigen Freitag ist Doyle als Sportreporter für die *Daily Mail* im Einsatz und soll eine scheinbar einfache Frage aufklären: Welcher der Läufer schlägt sich am besten? Nur leider wird die Leistungsermittlung zu einem wahren Krimi, an dessen Ende der Fall nicht gelöst ist, sondern offener erscheint denn je.

Doyle und das Publikum schauen gebannt, als fast drei Stunden nach dem Startschuss der erste Athlet in das Stadion einläuft. Aber wie er einläuft: »Aus dem dunklen Torbogen taumelte ein kleiner Mann, mit roten Laufschuhen, ein winziges, knabenhaftes Geschöpf«, notiert Doyle. »Er taumelte, als er eintrat und sich dem tosenden Beifall stellte.«[30]

Der taumelnde kleine Mann ist Dorando Pietri, ein 22-jähriger Italiener. Bereits acht Kilometer nach dem Start hatte er sich in einer Sechsergruppe von den übrigen Läufern abgesetzt, bei brüllender Hitze. Nicht gerade eine blendende Idee. Sie waren zu früh zu schnell geworden, und die meisten der sechs hielten das Tempo nicht durch, fielen wieder zurück, nach und nach.

Das Stadion erreicht Pietri mit großem Vorsprung, aber ohne Kraft und Orientierungssinn. Unter dem bangen Blick des Publikums läuft er schnurstracks in die falsche Richtung. Nicht zum Ziel, sondern weg davon. Die Kampfrichter weisen ihn auf den Irrtum hin, Pietri wendet – und bricht kurz darauf zusammen.

»Gütiger Himmel, er ist ohnmächtig geworden«, schreibt Doyle, »ist es möglich, dass selbst in diesem letzten Augenblick der Preis durch seine Finger gleitet? Alle Augen gleiten zu dem dunklen Torbogen. Noch ist kein zweiter Mann erschienen.«

Noch nicht.

Angefeuert vom Publikum kommt Pietri wieder auf die Beine, bricht aber bald von Neuem zusammen. Und wieder und wieder, die Kampfrichter helfen ihm auf, wieder und wieder, und während Pietri kaum noch aufrecht laufen kann, schmilzt sein komfortabler Vorsprung dahin wie ein Softeis in der englischen Sommersonne. Und dann: »Unter dem Torbogen ist der zweite Läufer hervorgesprungen«, schreibt Doyle. »Hayes, Stars and Stripes auf der Brust, läuft galant weit im Rahmen seiner Kräfte.«

Gut zehn Meter vor der Ziellinie bricht Pietri, den Verfolger im Rücken, erneut zusammen, zum nun fünften Mal. Die Kampfrichter müssen ihn stützen, als er schließlich die letzten Zentimeter nimmt und endlich den verdienten Sieg erringt.

Moment mal: Sie müssen was?

Gerade einmal 32 Sekunden trennen Pietri von John Hayes, den Verfolger aus den USA, als er das Ziel erreicht, und Doyle beschreibt das dramatische Finale so: »Wird er wieder fallen? Nein, er schwankt, er balanciert, und dann ist er durch das Band und in einer Reihe von freundlichen Armen.« Es gibt ein berühmtes Foto dieses Augenblicks, auf dem es aussieht, als würde Pietri von den Schiedsrichtern regelrecht geschoben, wackelig wie ein zu hoch gestapelter Jenga-Turm, der glücklicherweise erst dann endgültig in sich zusammenfällt, als man ihn bereits über die Linie bugsiert hat.

Gratulation. Oder doch nicht?

Wenn angeblich so klar ist, was Leistung ist: Wie ist dann die Pietris zu bewerten? Ist er der rechtmäßige Sieger des Marathons?

Heute würden wir vielleicht nur kurz stutzen, weil wir gewohnt sind, sportliche Regelwerke eng zu sehen. Ein nur mit fremder Hilfe gelingender Zieleinlauf kann unmöglich als zulässiger Ausgang eines olympischen Wettkampfs gewertet werden. Aber damals? Es waren ja die Schiedsrichter selbst, die Hand anlegten. Aus freien Stücken. Pietri hatte, nach allem was überliefert ist, nicht nach Unterstützung verlangt, hätte es wahrscheinlich auch gar nicht gekonnt vor lauter Kraftlosigkeit.

Und, so schildert es Doyle, auch das Publikum im Stadion scheint in dem Eingriff zunächst kein Problem und in Pietri den wahren Sieger zu sehen. Offensichtlich steht für die Beteiligten im Jahr 1908 noch nicht mit der gleichen scheinbaren Objektivität wie heute fest, wie sich eine sportliche Leistung bemisst und wie sie zu bewerten ist.[31] Die Kriterien ruckeln sich erst allmählich zurecht. Nicht nur Pietri schwankt, als er das Ziel erreicht. Es schwankt damals noch fast alles, wonach man Leistung hätte beurteilen können.

Etwa die Strecke eines Marathons: Mal war sie länger, mal kürzer, auf jeden Fall immer verschieden, die Distanz war bis zu dem Zeitpunkt nicht geeicht. Die olympische Vorgabe lautete lediglich: Pi mal Daumen 40 Kilometer, aber die genaue Länge war dehnbar wie ein Gummiband, das sich den örtlichen Gegebenheiten und dem Geschmack der Ausrichter anpasste. Als Läufer wusste man im Voraus nie ganz genau, worauf man sich eigentlich einließ.

Und die Londoner Strecke war für damalige Verhältnisse eine der längeren. Hätte die Ziellinie im Stadion also nicht unter der königlichen Loge gelegen, sondern nur ein Stück weiter vorn, dann hätte Pietri sie vielleicht, mit letzter Kraft zwar, aber noch ohne jede Stützhilfe erreichen können. Der Urmeter des Marathons, an dem Pietri scheiterte, wurde ironischerweise erst mit den Olympischen Spielen 1908 geboren: Seither beträgt die Strecke bei allen Wettkämpfen exakt 42,195 Kilometer, wie damals in London.

In der Folge verflüchtigte sich dann wohl das Gespür dafür, dass selbst in standardisierten Konkurrenzsituationen streng genommen nie eine unmittelbare Leistung gemessen wird – sondern nur deren mutmaßliches Ergebnis. Man kann allenfalls indirekt auf sie schließen, so wie sich anhand des Vorhandenseins von Pfützen auf den Straßen in den frühen Morgenstunden einigermaßen plausibel der Verdacht erhärten lässt, es könnte unter Umständen in der Nacht geregnet haben (aber wer weiß, vielleicht haben die Nachbarn bloß alle gemeinschaftlich ihre Putzeimer ausgekippt). Die wahre Leistung ist von außen uneinsehbar und unerreichbar und die Leistungsermittlung ein bisschen wie bei Sherlock Holmes: Man sammelt Indizien und kombiniert. Man wartet nach 42,195 Kilometern an der Ziellinie und misst die Zeit der Läufer, aber der Rückschluss auf die dahinterliegende Leistung ist letztlich doch eine Spekulation. Selbst die beste Stoppuhr kann nur Sekundenbruchteile festhalten – mehr nicht.

Dorando Pietri erreichte das Ziel nach 2 Stunden, 54 Minuten und 46 Sekunden, offenkundig dehydriert und zudem auf den letzten Metern auf die Unterstützung der Schiedsrichter angewiesen.[32]

Johnny Hayes erreichte das Ziel nach 2 Stunden, 55 Minuten und 18 Sekunden, körperlich nicht verausgabter als nötig und womöglich vorbereitet durch gute Trainer, die ihre Unterstützung im Vorfeld abgeleistet hatten und nun einfach zuschauen und ihre Hände entspannt in den Taschen stecken lassen konnten.

Es heißt oft, ein Wettbewerb sei nur dann fair, wenn alle unter den gleichen Bedingungen starten. Aber wenn die Ausgangslage wirklich für alle gleich wäre: Müsste man dann nicht damit rechnen, dass auch alle gleichzeitig im Ziel einlaufen? Und sollte man Pietri, wollte man leistungsgerecht und nicht bloß regelfetischistisch vorgehen, nicht zumindest irgendwo zwischen dem zweiten und dem letzten Platz einordnen, statt ihn komplett aus der Wertung zu nehmen, wie es am Ende passierte?

Immerhin rief Arthur Conan Doyle in der *Daily Mail* zu Spenden auf, nachdem Pietri die Goldmedaille nach Protesten des amerikanischen Teams schließlich hatte abgeben müssen.

Doyle schrieb:

> *Ich bin sicher, dass keine kleinliche persönliche Entschädigung Dorando auch nur im Geringsten über den nationalen Verlust hinwegtrösten kann, der sich aus seiner Disqualifikation ergibt. Ich bin mir jedoch sicher, dass viele, die seine großartige Leistung im Stadion gesehen haben, eine Leistung, die ihn um ein Haar das Leben gekostet hatte, gerne das Gefühl hatten, dass er ein Andenken von seinen Bewunderern in England mit sich trägt.*

Am Sitz der Zeitung übergab Doyle wenig später im feierlichen Rahmen die gesammelten Spenden an Dorando Pietri, 308 Pfund insgesamt.[33] Der kurze Moment der Irritation ließ damals eine Ersatzauszeichnung geboten erscheinen. Heute könnte unsere fest geformte Vorstellung von Leistung kaum noch etwas erschüttern.

Wer also leistet mehr? Ein Läufer, der an den Rand seiner Kräfte geht, sich maximal verausgabt und deswegen gewinnt? Oder einer, der mit geeigneten Genen gesegnet auf die Welt kam und dank guter Kondition den anderen davonläuft? Vielleicht hätte vor allem ein Läufer wie Hayes unsere Bewunderung, einer, der elegant das Ziel erreicht, während die anderen nur hinterherhecheln: ein geborener Sieger, zu Recht geehrt. Jemand, den die Natur selbst auf das Podest gehoben hat. Aber irgendwie wären wir hin und her gerissen, würden über die Eleganz und Leichtigkeit zwar staunen, aber doch eigentlich mehr Achtung empfinden für den Kämpfer, der sich verausgabt und Grenzen sprengt. Oder doch nicht? Wo kippt der anerkennungswürdige Kampf in bemitleidenswerte Bemühung eines Talentlosen, dem es nicht nur an Befähigung, sondern auch noch an Selbsterkenntnis mangelt?

Meistens bleibt der Vergleich hypothetisch, ein Was-wäre-wenn für müßige Stunden, weil in der Regel nur ein Athlet das Ziel als Erster erreicht, den man relativ unstreitig zum Bestleister des Feldes erklärt. Moralischer und tatsächlicher Sieger sind in der Regel dieselbe Person, und man kommt im Normalfall gut damit hin, nur eine Goldmedaille zu gießen. Allein in seltenen Momenten wie 1908 in London drängt sich das Gedankenexperiment auf: Was soll mehr zählen, was soll im Zweifel eher honoriert werden – Mühe und Anstrengung oder Talent und Training?

Mit der Stoppuhr lässt sich nicht erkennen, welche spezifische Kombination von Fleiß und Fähigkeit es war, die das Gemessene bewirkt hat. Und auch in der Bedeutung, in der wir das Wort Leistung im Alltag verwenden, fließt beides unsortiert zusammen. Leistung ist irgendein schwer zerlegbares Konglomerat von Tun und Sein, von Verhalten, das wir kurzzeitig und bewusst beeinflussen können, und von Eigenschaften, die wir als gegeben hinnehmen müssen. Zumindest fürs Erste und vielleicht für immer, weil sie eben zum Teil nur schwer änderbar sind. Michael Young führt in seiner Utopie der Leistungsgesellschaft zur Definition sogar eine mathematische Formel an, in der beide Teile schlicht aufaddiert werden: I+E=M.[34] Die Summe von Intelligenz und Einsatz ergeben die Meriten, die Leistung, die eine gerechte Gesellschaft belohnen soll. Wobei man gleich fragen kann, ob sich beide

Komponenten wirklich so simpel zur Leistung aufeinanderstapeln lassen oder ob Einsatz ohne jedes Maß an Talent nicht nutzloser Leerlauf ist – und nicht auch ein *High Potential* ein Mindestmaß an Initiative an den Tag legen muss, wenn er mehr sein will als nur ein Versprechen. Oder um auf Young mathematisch zu erwidern: Käme eine Multiplikation der Wirklichkeit nicht näher als die simple Summe der Einzelelemente? Braucht es vielleicht eine noch viel kompliziertere Formel, um Meriten algebraisch adäquat abzubilden? Aber diese Details können wir an dieser Stelle getrost den Rechenkünstlern überlassen, die dafür mehr Talent mitbringen.

Jedenfalls besteht das, was wir unbesehen zusammenfassen in dem Sammelbegriff Leistung, die sich bitte lohnen soll, aus Bestandteilen von höchst unterschiedlicher Beschaffenheit. Moralisch sind Anstrengung und Talent nicht aus dem gleichen Holz: Für das eine können wir unmittelbar etwas, für das andere nicht (oder nur mit langem Vorlauf und viel Übung). Ist es gerecht, wenn man in einer Meritokratie das Nachsehen hat wegen Eigenschaften, denen man sich so schlecht widersetzen kann wie seiner Körpergröße oder Kurzsichtigkeit? Sollte pures Talent, für das man nichts getan hat, in einer Leistungsgesellschaft bereits belohnungswürdig sein?

Ironischerweise ersetzt die Idee der Leistung damit das Geburtsprinzip der alten Feudalgesellschaft, das zu bekämpfen sie angetreten war, unterschwellig durch ein neues: Es ist jetzt nicht mehr die Abstammung, die einen gehobenen sozialen Status garantiert, sondern das Glück in der Lotterie der Gene. Es durch Leistung zu etwas bringen – das klingt wie ein Selfmade-Traum, den jeder träumen kann. Und bedeutet manchmal dann vielleicht doch bloß: Man hatte das Glück, mit Begabungen auf die Welt gekommen zu sein, die in der Gesellschaft und der Zeit, in der man lebt, gerade als besonders wertvoll erachtet werden.

Thomas Jefferson, der in den jungen USA den allgemeinen Ehrgeiz als »Streben nach Glück« in der Unabhängigkeitserklärung kodifizierte, sprach einmal schon nahezu entlarvend von einer »natürlichen Aristokratie«, die an die Stelle der feudalen künstlichen treten sollte, eine Rangordnung basierend auf Talent und Tugend.[35] Und in der Utopie von Michael Young erstarrt die Meritokratie nach einer Phase großer sozialer Mobilität genau deswegen zu einer neuen Ständegesellschaft, in der sich der Aufstieg kaum noch erarbeiten lässt: Man wird begabt geboren oder bleibt chancenlos. Am Ende sind die Schönheitsfehler der scheinbar perfekten Gerechtigkeit auf Erden eben doch nicht klitzeklein, die Proteste eben doch mehr als vereinzelt aufflackernde Unmutsbekundungen. Im dystopischen Großbritannien des Jahres 2034 kommt es schließlich, so malt Young es aus, zur Revolte von unten, weil eine Gen-Aristokratie den Zurückgebliebenen die Hoffnung auf Aufstieg völlig geraubt hat. Weil sie sich zu Recht gedemütigt fühlen. Die Geschichte setzt allerdings eine Vorstellung voraus, wonach unser Leistungsvermögen nahezu vollständig erblich ist und wir mit unserem eigenen täglichen Tun nur wenig ausrichten können. Was sicher nicht ganz unserer struppigen Wirklichkeit entspricht.

Aufgeworfen ist die Frage damit allerdings schon. Es sagt sich leicht daher, dass Leistung über Auf- und Abstiege in der Gesellschaft bestimmen soll, ein schöner Satz für Sonntagsreden. Aber sind alle Arten von Leistung gleich wertvoll? Wer ist der rechtmäßige Gewinner in einer Meritokratie: der Streber oder das Naturtalent? Die Fleißige oder das Genie? Und wen von beiden hat man eigentlich vor sich, wenn man am Ende einer Strecke von 42,195 Kilometern mit der Stoppuhr steht und misst?

FLEISS UND TALENT

Es hat nicht nur Nachteile, dass selten klar zu erkennen ist, wo das Talent endet und die Fleißarbeit einsetzt. Einen unschlagbaren Nutzen hat die Verwirrung zumindest: Sie eignet sich hervorragend, um den Ehrgeiz zu vertuschen. Dem Dilemma, ehrgeizig sein zu müssen, aber nicht als ehrgeizig gelten zu dürfen, kann man jedenfalls bequem entkommen, indem man den erzielten Erfolg nach außen als ganz natürliches Ergebnis der eigenen Fähigkeiten inszeniert und damit herunterspielt, wie sehr man sich in Wahrheit ins Zeug gelegt hat. Man erklärt zur Begabung, was bloß harte Arbeit war. Man tut, als sei einem der Erfolg irgendwie zugeflogen – was einen vom Verdacht befreit, ein verbissener Streber zu sein, der immerzu missgünstig nach links und rechts schielt, um jeden auszustechen, der vorbeiziehen könnte. Man schiebt den unsympathischen Ehrgeiz irgendwo ins Zwielicht des ambivalent schimmernden Leistungsbegriffs. Man versucht, alles ganz leicht und selbstverständlich erscheinen zu lassen, als sei der Erfolg die natürliche Ergänzung der eigenen Persönlichkeit. Und macht sich im schönen Nebeneffekt dadurch unangreifbar.

Eine Schülerin erzählt der Lehrerin also besser nicht, dass sie im Test nur deshalb so gut abgeschnitten hat, weil sie sich den Stoff lediglich an vielen Abenden in ihren Kopf geprügelt hat, ohne dabei sonderlich viel verstanden zu haben. So ein offenes Bekenntnis zieht im Zweifel bloß lästige Appelle nach sich, man möge sich bitte auch künftig reinhängen, weil auf die Auffassungsgabe allein wohl nicht genug Verlass zu sein scheint: Gut gemacht, und jetzt bloß nicht nachlassen.

Aber man will ja nicht ständig die Lehrerin im Nacken haben. Also schweigt man zu den Hintergründen, gilt fortan einfach als besonders begabt, steht in einem wohlwollenden Licht und setzt ganz darauf, dass der Schulerfolg zu einer sich selbst erfüllenden Prophezeiung wird.

Die Hoffnung ist nicht unbegründet, wenn man sich anschaut, was bei einem Experiment in den Siebzigerjahren in Österreich herauskam. Lehrerinnen und Lehrern wurden die Deutscharbeiten von ihnen unbekannten Viertklässlern vorgelegt mit der Bitte, sie zu benoten. Die Arbeiten enthielten jeweils unterschiedliche Angaben: Mal hieß es, der Aufsatz stamme von einem eher durchschnittlich begabten Schüler, der in seiner Freizeit nur Schundhefte lese, wenn überhaupt. Mal hieß es, die Arbeit habe ein sprachlich versierter Junge verfasst, dessen Vater als Zeitungsredakteur arbeite. Und siehe: Wenn dem Schüler das Image als besonders talentiert vorauseilte, gaben die Lehrer für die identische Arbeit eine bessere Note.[36]

Es gelingt einem eher, dass sich der Erfolg verselbstständigt, wenn einem nicht alle ständig unterstellen, dass man nachhelfen müsste. Einen Lauf hat man dann, wenn andere denken, dass es von alleine läuft – und man selbst denkt am besten auch so.

Der auf den ersten Blick erstaunliche Widerstand vieler Angestellter gegen eine minutengenaue Zeiterfassung, die sie doch eigentlich vor selbstausbeuterischer Verausgabung und unbezahlter Mehrarbeit bewahren soll, beruht vermutlich auf einem ähnlichen Kalkül: Man will nicht, dass herauskommt, wie lang man wirklich für seine Aufgaben braucht, damit der Nimbus als besonders leistungsfähiger Mitarbeiter nicht leidet. Denn wer weiß: Vielleicht ist man in Wahrheit schlicht zu langsam. Viel langsamer als Kolleginnen und Kollegen. Viel langsamer, als es dem Chef lieb ist. Lieber leistet man heimliche Überstunden, damit keine Zweifel aufkommen an der Eignung für den Job – zumal die Deutungshoheit im Berufsleben ja leider asymmetrisch verteilt ist zwischen Arbeitgeber und Arbeitnehmer. Laut über zu viel Arbeit bei zu wenig Zeit zu klagen, könnte einem ja auch als Eingeständnis mangelnder Strapazierfähigkeit ausgelegt werden. Man vertuscht die Mehrarbeit, damit bloß niemand auf die Idee kommt zu fragen, ob da möglicherweise die grundsätzliche Befähigung fehlt. Man vertuscht sie, damit die anderen einen für einen Überflieger halten können und nicht für einen, der bloß wie verrückt mit den Flügeln schlägt.

Denn für die fleißigen Bienchen findet ein Chef ja schnell Ersatz, sobald sie ermüden. Ein Talent dagegen lässt man nicht gehen, nur weil es mal ein Formtief haben sollte. Als talentiert dazustehen, schützt vor Nachstellungen. Man wird von ständigen Bewährungsproben verschont.

Es kann passieren, dass auch Nacheifernde diesem Eindruck erliegen und erstaunt denken: Wow, was für ein Wunderkind. Ein bisschen eingeschüchtert sind sie von so viel scheinbar zart dahingetupfter Performance. Vollkommen entmutigt fühlen müssen sie sich trotzdem nicht. Das ist ja das Praktische daran, dass Leistung so obskur und schwer zu durchschauen ist: Es bleibt allen genug Raum für selbstwertdienliche Fantasie. Als Streber kann man im Prinzip den gleichen Status erreichen wie das Naturtalent, man müsste sich nur stärker reinhängen (um dann so zu tun, als wäre man ebenfalls schon immer ein Naturtalent gewesen). Der Erfolg ist trotz unterschiedlicher Voraussetzungen prinzipiell wiederholbar, und ein Mangel an Befähigung lässt sich durch Fleiß kompensieren – wie schön doch, dass unklar ist, was die Leistungsgesellschaft eigentlich als Leistung verstehen will. Und so gelingt das Kunststück, dass der Erfolg der Erfolgreichen wie gottgegeben erscheint und die Aufstrebenden daraus gleichzeitig Hoffnung schöpfen können. Es ist wahre meritokratische Magie: Der Erfolg ist unnachahmlich – und trotzdem allgemein erreichbar.

Der Historikerin Nina Verheyen zufolge hat sich die Idee der Leistung, die uns heute so selbstverständlich erscheint, erst langsam im Laufe der letzten 200 Jahre entwickelt, inspiriert durch die aufstrebenden Natur- und Technikwissenschaften.[37] Die Physik ist mit einer klaren Definition zur Stelle gewesen: Leistung ist Arbeit pro Zeit. Leistung lässt sich messen, in Pferdestärken, in Watt, in Kilokalorien. Sie lässt sich über verschiedenste Leistungsträger umrechnen, von der Kutsche zur Dampfmaschine und von da weiter, wenn man will, bis zum Menschen. Denn letztlich sind Menschen nach den physiologischen Vorstellungen des 19. Jahrhunderts auch nur Körpermaschinen, die zugeführte Nahrungsenergie in Bewegung verstoffwechseln oder in elektronische Impulse im Gehirn, die als Gedanken aufblitzen, idealerweise als produktive Gedanken. Theoretisch lässt sich der Wirkungsgrad biologischer Apparate ebenso bestimmen und optimieren wie der Wirkungsgrad der Dampfmaschinen, an denen sie arbeiten (oder der Fließbänder oder der PCs oder der künstlichen Intelligenzen, die sie mit den passenden Befehlen füttern).

Und warum sollte man die Leistung eines Menschen nicht auch von den Leistungen und Vorleistungen anderer Menschen in einem arbeitsteiligen Gesamtgeschehen abgrenzen können, ganz so, wie auch in einer Fabrik eine Maschine in die andere greift und man trotzdem für jede einzelne aufs Watt genau angeben kann, was sie tut und vermag?

In der Gesellschaft wurde an der Wende zum 20. Jahrhundert dann mehr und mehr verglichen, gemessen und taxiert, und mehr und mehr vergaß man über die neu geschaffene äußere Objektivität die ganze innere Unklarheit über das moralische Wesen der Leistung. Fabrikherren quantifizierten den Output ihrer Arbeiterinnen und Arbeiter, die Schulen führten Ziffernnoten ein, die frisch ausgelobten Nobelpreise suggerierten, es ließen sich aus der Fülle der wissenschaftlichen Entdeckungen Jahr für Jahr gezielt die bedeutsamsten herauspicken, und neu geschaffene Sportwettbewerbe wie eben die Olympischen Spiele vermaßen mit der Stoppuhr Weltrekorde bis auf die Nachkommastelle. Die Idee individuell zurechenbarer Leistung war geboren, auch wenn die Illusion am Anfang noch holprig daherkam. Ein Fall wie der Dorando Pietris ist für Verheyen jedenfalls ein Beispiel für die Anlaufschwierigkeiten der noch jungen Leistungsgesellschaft, in der sich der Glaube an die Allwissenheit der Stoppuhr erst langsam festigen muss.

Heute ist der Sport einer der verlässlichsten Metaphernlieferanten der Meritokratie. Karrieren sind Wettrennen um Stellen, alle sollen die gleichen Startpositionen haben, Hürden müssen abgebaut werden, beim Ringen um Status soll *Fair Play* herrschen, aber manchmal wird eben mit Ellenbogen und harten Bandagen gekämpft.[38]

All die Sportvergleiche wirken heute so eingängig, dass man übersieht, wie sehr sich das wahre Leben dann doch von einer perfekten Leistungsolympiade unterscheidet: Da ist die Strecke zum Ziel nicht verlässlich 42,195 Kilometern lang, nicht einmal Pi mal Daumen 40 Kilometer, sondern eine Gleichung mit lauter Unbekannten. Es gibt keinen Startschuss und keinen Abpfiff, nirgends kann man die Spielregeln nachlesen und manchmal ändern sie sich auch mitten im Geschehen, das Tor steht mal hier, mal da, und man weiß eigentlich nie genau, wohin man zielen muss für den Ausgleichstreffer. Die Schiedsrichter schauen nicht neutral zu, sondern greifen manchmal ganz beherzt ein – was damals bei Pietri sogar im Sport noch nicht völlig verpönt war und zumindest daran erinnerte, dass die Leistungen selbst unter Marathonläufern schwer über einen Kamm zu scheren waren: Sie starteten zwar gleichzeitig, aber noch lange nicht unter gleichen Voraussetzungen.

Und wie kompliziert ist es über Disziplingrenzen hinweg. Ist die Leistung in einem Marathon, für die Pietri im Jahr 1908 vielleicht zu Recht die Spenden des ergriffenen Publikums erhielt (oder auch zu Unrecht die Goldmedaille nicht behalten durfte), vergleichbar mit einer Leistung im Tauziehen, wie sie die Mannschaft der Londoner Polizei bei ebenden Spielen erbrachte, als sie die Kollegen der Polizei Liverpool schlug und ebenfalls Gold erhielt? Ist Gold in jeder Disziplin gleich viel wert, sodass es stets auch mit ähnlich viel gesellschaftlicher Anerkennung verbunden sein sollte? Und hat jeder der acht siegreichen Tauzieher für sich eine ebenbürtige Leistung erbracht wie Pietri allein oder erst gemeinsam als Mannschaft (mal abgesehen von der Frage, ob man als Vergleichsgröße nicht den regelkonform prämierten Läufer Hayes heranziehen sollte und nicht den disqualifizierten Pechvogel Pietri)?

Und wie nun sortiert man professionelle Tauzieher und Langstreckenläufer in eine allgemeine Rangfolge der Berufe ein? Schwer zu sagen, ob jemand wie Pietri in seiner Karriere mit den unstrittigen Bestzeiten bei späteren Wettkämpfen eine größere Leistung erbringt als Arthur Conan Doyle in seinem Bereich als Schriftsteller. Schwer zu sagen, ob ein Krimiautor mehr leistet als eine Ärztin und die Ärztin wirklich mehr als der Rettungssanitäter.

Schon ist man heillos verstrickt in dem unmöglichen Vergleich von Äpfeln und Birnen, Erdbeeren und Kirschen, Bananen und Mangos. Und irgendwann sieht man vor lauter Obstsalat die Früchte nicht mehr.

Man könnte es sich leicht machen und in einer Marktwirtschaft, in der wir nun einmal leben, schlicht das vereinnahmte Geld als Näherungswert für Leistung heranziehen. Die Zahl auf dem Gehaltszettel erscheint wie der grob in Geld gegossene Grad an gesellschaftlicher Geltung.

Aber dass der Markt allein nach Leistung belohne und Leistung damit automatisch das ist, was sich am Markt auszahlt, entpuppt sich ziemlich schnell als Mythos, was selbst ein erzlibertärer Scharfmacher wie Friedrich August Hayek erkannte. Entgegen unserer landläufigen Vorstellung, meinte Hayek, seien Märkte nämlich keine meritokratischen Institutionen, die moralische Belohnungen verteilten: Es sei »in einem freien System«, schrieb er im Jahr 1960, »weder wünschenswert noch durchführbar, dass die materielle Entlohnung allgemein dem entsprechen soll, was die Menschen als Verdienst ansehen«.[39] Und Hayek hält es auch nicht für problematisch: Märkte sind aus seiner Sicht vor allem dafür da, knappe Ressourcen effizient zu verteilen, für mehr nicht. Fleiß und Talent können folgenlos verpuffen – solange sie nicht auf genügend Nachfrage treffen.

Für die Gastronomin, die 80 Stunden die Woche und viel Liebe investiert, um die Welt mit so ausgefallenen Gerichten zu beglücken wie gedämpfter Ratte in einer cremigen Soße aus Pferdespucke, zahlt sich der Einsatz nicht unbedingt aus. Wenn die Kundschaft partout nicht anbeißen möchte, kann die Gastronomin noch so sehr auf ihre Leistung pochen – sie lohnt sich eben nicht. Aber man muss nicht mal zu abwegigen kulinarischen Szenarien greifen: Selbst die Mainstream-Küche garantiert kein Auskommen, wenn Restaurantführer oder Google-Rezensionen aus einer Laune heraus die Konkurrenz von gegenüber empfehlen. Unsere Mühen interessieren den Markt nicht; ihn interessiert nur die Verkaufbarkeit des Ergebnisses.

Liberale jedenfalls müssten sämtliche Augen zudrücken, wenn sie tatsächlich gleichzeitig für Marktwirtschaft und Meritokratie eintreten wollten. Und sowieso: In Michael Youngs Dystopie wird die vollkommene Leistungsgerechtigkeit durch eine massiv ausgebaute staatliche Testbürokratie gewährleistet, nicht durch das Gewusel irgendwelcher unsichtbaren Hände.

AUF DER SUCHE NACH DER VERLORENEN SCHULZEIT

Dass die Politstrategen und Sozialingenieure in Youngs Zukunftsvision die Schule als Ausgangspunkt nehmen und nach ihrem Modell das Arbeitsleben und schließlich das ganze Land umgestalten, dürfte kein Zufall sein. Die Schule ist so etwas wie die Olympiade für uns alle – nur mit Teilnahmezwang und Wettbewerben weit über den Sportunterricht hinaus. Sie ist die einzige halbwegs verwirklichte meritokratische Plananstalt, die die Gesellschaft hervorgebracht hat. Natürlich unvollkommen, natürlich mit Mängeln: Lehrerinnen haben ihre Lieblinge, Klassenkameraden schummeln, Aufsätze und Mathematikarbeiten werden unterschiedlich bewertet, je nachdem, ob ihrem Urheber ein Image als ausgesprochenes Talent vorauseilt oder nicht. Kinder aus unterschiedlichen Schichten kommen mit sehr unterschiedlichen Voraussetzungen in die Schule. Manche können sich Nachhilfe leisten, andere nicht. Und auch die Schule kann sich dem Leistungskriterium immer nur von außen über messbare mutmaßliche Resultate annähern, was im 19. Jahrhundert tatsächlich noch ein Grund für Unbehagen war. Lehrer, führt die Historikerin Verheyen aus, fremdelten lange mit der Idee, Schülern Ziffernnoten zu geben – weil gar nicht so klar ist, welchen Teil der Lernfortschritte ein Schüler seiner eigenen Anstrengung zu verdanken hat, was auf die spezielle Förderung im Unterricht und was auf die Unterstützung der Eltern zurückgeht. Wie soll man das auseinanderhalten?[40] Aber mit der Zeit akzeptierte man, ähnlich wie bei den Olympischen Spielen, dass man sich einer Leistung eben nur durch Vermessung von außen annähern kann. Und zumindest das passiert in der Schule so reguliert und umfassend wie sonst fast nirgends. Es gibt keine vollkommene Leistungsgerechtigkeit, nicht mal beim Marathonlauf, auch nicht in der Schule, aber doch so etwas wie eine meritokratische Verfahrensgerechtigkeit als eine bestmögliche Annäherung.

Da sitzen sie also auf ihren Stühlchen und üben lesen und schreiben, lernen das kleine Einmaleins auswendig und bekommen fürs Aufsagen ein Lob von der Lehrerin. Sie strengen sich an und werden belohnt.

Sie lernen Physik, Chemie, Biologie, Englisch, Französisch und Latein. Es gibt Lehrpläne, Lektionen, Lernziele, die die Richtung vorgeben.

Sie bangen der Klausur entgegen, aber wissen, was drankommt: Bruchrechnung, Gerundium, Französische Revolution. Sie können gut vorbereitet sein oder schlecht, aber zumindest gehen sie immer mit einer Orientierung in die Prüfung.

Die Lehrerin korrigiert die Klassenarbeiten, manchmal etwas strenger, manchmal großzügiger, manchmal auch unfair, aber alles in allem nach halbwegs nachvollziehbaren Kriterien.

Der Aufstiegsparcours ist perfekt bürokratisch umrissen, von der Einschulungsuntersuchung bis zur Promotionsordnung: Es wird geprüft, gemessen und verglichen. Es gibt Ziffernnoten, Zentralabitur und Zugangsvoraussetzungen.

Der Schnitt auf dem Abiturzeugnis bestimmt, ob man in dem Fach, das man gern studieren würde, einen Platz bekommt. Man braucht das Bachelorzeugnis, um einen Master anschließen zu können, und den Master für die Promotion, man wird Geselle, ehe man Meister werden kann, alles Etappe für Etappe absehbar.

Dass die Bildungswege länger und Abschlüsse wichtiger werden auf dem Arbeitsmarkt, hat manchen Soziologen und manche Soziologin zu der Annahme verleitet, die Gesellschaft werde tatsächlich meritokratischer. Wo Menschen vor allem als qualifizierte Geistesarbeiter tätig werden, gewinnen Bildungsabschlüsse an Bedeutung als Eintrittskarte in die prestigeträchtigen Positionen. Mit dem Wandel zur postindustriellen Gesellschaft erwarteten viele den endgültigen Siegeszug der Meritokratie.

Aber vielleicht ist paradoxerweise etwas ganz anderes passiert: Wir verbringen heute mehr Lebenszeit in Bildungseinrichtungen als frühere Generationen, die Etappen sind weit gestreckt, und ehe wir alle notwendigen Zeugnisse beisammenhaben, sind wir schnell schon Mitte 20 oder Anfang 30. Wir werden heute länger und intensiver meritokratisch sozialisiert als unsere Eltern oder Großeltern. Wir lernen nicht nur lesen, schreiben, rechnen, Physik, Chemie, Englisch, Latein, Maschinenbau, Jura, Germanistik, Kulturwissenschaften. Vor allem verinnerlichen wir dabei über die Jahre: Es kommt auf Fleiß und Talent an, und es gibt Regeln, um sie zu bemessen.

Und dann haben wir das entscheidende Diplom in den Händen und meinen, wir hätten damit lediglich den langen Aufgalopp der meritokratischen Bewährung hinter uns – und mit einem Mal gilt alles nicht mehr. Als Streber kam man in der Schule gut durch, aber plötzlich ist unklar, warum der eine reüssiert und die andere nicht.

Man blickt sich irritiert um. Man ist perplex. Wie jetzt? Was ist passiert?

Einerseits führt der Wandel zur postindustriellen Gesellschaft wahrscheinlich, so wie es prognostiziert wurde, tatsächlich zu einer Ausweitung der Meritokratie – insofern die Bildungswege länger und die Abschlüsse als Zugangskriterium zum Beruf wichtiger werden. Nur andererseits folgen ausgerechnet die postindustriellen Geistestätigkeiten, die sich anschließend bieten, in all ihrer Singularität mit ihren launenhaften Belohnungsmechanismen immer seltener meritokratischen Kriterien. Es gibt eine stark eingeübte Erwartung, dass es nach Leistung gehen sollte, und eine Arbeitsökonomie, in der die Leistungskriterien immer stärker ausgedünnt sind.

Vielleicht erklärt diese Verunsicherung, warum es heute einen so großen Bedarf an Coaching gibt: Wir suchen nach Beratern, die uns helfen, jene Orientierungsmarken im Berufsleben wiederzufinden, an die wir uns so lange gewöhnt hatten: Wo ist sie hin, die Meritokratie? Das Heer der Berater mit ihren Diensten soll uns die Welt wieder zur Schule machen, in der wir wissen, woran wir sind. Irgendwer muss einem doch sagen können, als was sich die einst so eindeutigen Leistungsanforderungen plötzlich tarnen. Irgendwer muss doch wissen, was wirklich zählt. Die Karrieretrainerinnen und Karrieretrainer sagen dann zwar auch etwas, was wie der ultimative Schlüssel zum Erfolg klingt. Nur sagen sie alle etwas anderes. Freundlich sein und wegducken? Deutlich sein und aufmucken? Ist als Tipp für die Bewährung im Job beides gleichermaßen denkbar – und damit als allgemeine Faustregel hinfällig.

Man steht wieder da wie eine Erstklässlerin bei der Einschulung, irgendwie benommen und verunsichert und heimatlos in diesem riesigen unbekannten Gebäude mit lauter fremden Menschen und Spielregeln, die man noch nicht versteht. Ganz verwirrt blickt man sich um und grübelt und rätselt: Woran hängt der Erfolg denn nun, wenn man sich auf seine Leistung nicht mehr verlassen kann?

3

WAS FÜR EIN ZUFALL

N.Y.

WARUM WIR SO SELTEN IN DER HAND HABEN, WAS WIR ERREICHEN

An einem Tag Mitte der Achtzigerjahre bekommt die Idee der Leistung einen weiteren schweren Knacks. Die Barnsleys, Mutter, Vater, zwei Kinder, eishockeyverrückt wie so viele Familien in Kanada, sitzen auf den Zuschauerrängen und verfolgen das Spiel der Lethbridge Broncos. Irgendwann beginnt Paula Barnsley, die Mutter, im Programmheft zu blättern, vielleicht gelangweilt von der Partie, und stoppt bei einer Liste der Spieler. Vielleicht starrt sie eine Weile auf die Seite, bis es ihr auffällt, vielleicht sieht sie wie durch ein Wunder gleich, dass hier etwas sehr merkwürdig ist und auf jeden Fall spannender als das Geschehen vorn auf dem Spielfeld.

Die Entdeckung, die sie macht, ist so beiläufig wie umstürzend. Hieß es nicht, wenn etwas in dieser Welt meritokratisch sei, dann doch eine Laufbahn als Profisportler?

Paula Barnsley weist ihren Mann Roger auf ihre Beobachtung hin, einen Psychologen, der jahrelang selbst eine Hockeymannschaft trainiert hatte.

Schau dir an, sagt sie, wann die Spieler geboren sind.

Roger Barnsley blickt auf die Liste, offenbar ratlos, was seine Frau ihm eigentlich vermitteln will. Die Jungs seien alle zwischen

16 und 20 Jahre alt, antwortet er, sie seien somit alle in den späten Sechzigerjahren zur Welt gekommen. Alles unauffällig, typische Jahrgänge einer Mannschaft der Juniorenliga. Was ist das Problem?

Nicht das Jahr, entgegnet seine Frau. Der Monat.

So in etwa muss sich der Knacks an jenem Tag Mitte der Achtzigerjahre angebahnt haben, so jedenfalls erinnert sich später Roger Barnsley an den Moment, in dem sie die folgenreiche Entdeckung machen: der Monat![41]

Über Jahrzehnte hatte es in der Welt des Hockeys offenbar niemanden stutzig gemacht, ihn nicht, aber genauso wenig all die anderen Trainer, die Vereine nicht, keine Sportjournalistin, keinen Zuschauer, die Laien nicht und nicht einmal die Profispieler selbst, die doch am besten wissen müssten, welchem Umstand sie ihre Karriere zu verdanken haben. Alle glaubten, es gehe mit rechten Dingen zu: eine Auswahl, die rein auf Leistung beruht.

Zu Hause sucht Roger Barnsley noch am selben Tag sämtliche Geburtsdaten von Hockeyspielern zusammen, die er finden kann. Und tatsächlich: der Monat. Was sie da im Programmheft beim Spiel der Lethbridge Broncos entdeckt hatten, ist keine seltsame Ausnahme, keine verrückte Laune der Sportförderung in der kanadischen Provinz Alberta, kein verkappter Scherz einer einzelnen Mannschaft. Es ist die Regel. Das Muster findet sich über sämtliche Teams des Landes, über ganze Hockeyligen hinweg, es sticht statistisch so klar hervor, sagt Barnsley später, dass man eigentlich gar nicht groß rechnen müsste, um es freizulegen. Man hätte es all die Jahre mit bloßem Auge sehen können. Erstaunlich ist nicht nur, wie eindeutig es ist – viel erstaunlicher ist, wie lange es trotzdem niemandem auffiel.

Es geht im Eishockey nicht nach Leistung. Oder doch. Aber nicht so, wie man lange dachte: Ein Spieler ist gut und macht deswegen

Karriere. Deswegen zwar auch. Aber eben längst nicht nur. Aber eben längst nicht nur.

Im Jahr 1985 veröffentlichen Paula und Roger Barnsley gemeinsam mit dem Psychologieprofessor Gus Thompson von der University of Alberta einen Aufsatz über die eigenartige Verteilung der Geburtsmonate kanadischer Hockeyprofis. 229 von 715 betrachteten Spielern waren an einem Tag im Januar, Februar oder März zur Welt gekommen – nur 116 im Oktober, November oder Dezember. In den ersten drei Monaten des Jahres haben 32 Prozent der Sportler Geburtstag. In den letzten drei Monaten nur 16 Prozent.[42]

Aus irgendeinem Grund waren die Eishockeyprofis besonders häufig Kinder der ersten Jahreshälfte.

In dem Aufsatz prüften die drei Autoren zur Sicherheit, wie sich die Geburtstage der Kanadier auf die Monate verteilten: relativ gleichmäßig, wie es zu erwarten ist. Die Konditoreien des Landes können also ganzjährig mit einem verlässlichen und stabilen Absatz von Geburtstagstorten rechnen. Auf die Verpflegung von Hockeyspielern spezialisierte Konditoreien müssten, um die Tortennachfrage bedienen zu können, zu Jahresanfang Saisonkräfte anheuern und zu Jahresende ihre Belegschaft in Kurzarbeit schicken. Das Geburtstagsmuster von Hockeyprofis wich erheblich von dem der Gesamtbevölkerung ab.

Auf den ersten Blick ist schwer nachzuvollziehen, was der Geburtsmonat mit sportlichem Können zu tun haben sollte. Ein durchschnittliches Januarkind dürfte mit genauso viel Talent für den Wettkampf auf Schlittschuhen zur Welt kommen wie ein durchschnittliches Dezemberkind. Kraft, Geschicklichkeit und Ausdauer sind Eigenschaften, die man kaum auf vernünftige Weise auf den Kalendermonat der Geburt zurückführen kann. Warum also haben diejenigen, die zu Beginn eines Jahres zur Welt gekommen sind, im Eishockey trotzdem einen so deutlichen Vorteil?

In einer meritokratischen Gesellschaft, so lautet das Versprechen, zählt Leistung, nicht die Geburt. Und nun? Ausgerechnet im Leistungssport, einem Urbild der Meritokratie, kommt es auf die denkbar absurdeste Weise auf die Geburt an. Als hätten astrologische Erfolgsdeutungen plötzlich eine Berechtigung. Bestimmt das Sternzeichen das Schicksal?

Kann ja wohl nicht sein.

Nach dem Besuch der Familie Barnsley im Eishockeystadion begannen Forscherinnen und Forscher überall in der Welt weitere Sportarten zu untersuchen, Baseball etwa, Kricket oder Tennis. Nicht immer, aber sehr häufig stießen sie dabei auf ähnliche Regelmäßigkeiten: Die Geburtszeitpunkte im Jahr hatten einen entscheidenden Einfluss darauf, wer es in die Profiklasse schafft und wer nicht; unter erfolgreichen Berufssportlern fallen die Geburtstage nicht beliebig über den Kalender verstreut, sondern konzentrieren sich auffällig in bestimmten Monaten. Im Profifußball in Deutschland etwa sind, ähnlich wie im kanadischen Eishockey, diejenigen überrepräsentiert, deren Geburtstag in einen der ersten Monate des Kalenderjahres fällt. Von den 26 Spielern, die für Deutschland bei der Fußball-WM der Herren in Katar antraten, feiern zehn zwischen Januar und März ihren Geburtstag, aber nur vier zwischen Oktober und Dezember. Bei den Nationalspielerinnen, die im Jahr darauf zur Weltmeisterschaft der Frauen nach Australien reisten, war das Muster ähnlich, wenn auch nicht ganz so ausgeprägt.[43]

Die Erklärung findet sich in einem scheinbar so nebensächlichen Umstand, dass man kaum glauben mag, wie laufbahnprägend er ist: Es liegt an den Stichtagen, mit denen in den jeweiligen Disziplinen gearbeitet wird. Sportvereine stellen ihre Jugendmannschaften nach Alter zusammen. Die einen kicken und trainieren in der U8-Mannschaft, die etwas Älteren kommen ins U9-Team. Aber wo zieht man die Grenze zwischen beiden Stufen? Eine naheliegende Lösung: Man nimmt den 1. Januar als Marke – mit der Folge, dass diejenigen, die kurz davor geboren wurden, in ihrem Team stets die Nesthäkchen bleiben, während diejenigen, die ein paar Wochen später zur Welt kamen, erst in der nächstfolgenden Mannschaft ihre Laufbahn starten, wo sie automatisch zu den älteren Spielern gehören. Und damit die größeren sind. Die stärkeren. Diejenigen, die schneller laufen, länger durchhalten, mehr Tore schießen und sich für Höheres empfehlen. Wer soll also in die Förderung? Schauen wir in den Kalender und nehmen das Januarkind (natürlich schauen wir nicht in den Kalender, man wählt den besten Spieler, hier geht es ja nach Leistung, aber zufällig ist es dann auch ohne Geburtstagsabfrage eben oft als Mannschaftsältester das Januarkind).

Aus rein organisatorischen Zwängen heraus gezogene Grenzen im Kalender sind für den kleinen, aber vielleicht entscheidenden Unterschied verantwortlich zwischen einem Spieler, der die Profilaufbahn einschlagen kann, und einem, der sein Leben lang Amateur bleiben wird. Und Stichtage gibt es oft im Leben. Für die Einschulung etwa. Auch in einer Schulklasse sitzen häufig Kinder, mit einem Altersunterschied von fast einem ganzen Jahr. Was in jungen Jahren mit einem markanten Entwicklungsunterschied einhergehen kann. Es ist dann wie bei den Fußballvereinen: Die Älteren können eine Spur besser lesen, eine Spur besser rechnen, erscheinen ihren Lehrerinnen und Lehrern als reifer und talentierter, werden eher gefördert, wechseln mit höherer Wahrscheinlichkeit von der Grundschule aufs Gymnasium, und so geht es weiter: Sie sind später häufiger an der Uni, machen häufiger einen akademischen Abschluss, werden somit häufiger Vorstandsvorsitzender oder Nobelpreisträger, zumindest gibt es

Studien, die auch hier Hinweise auf die Wirkung von Stichtagen gefunden haben.[44]

Kleine Weichen werden da gestellt, die uns zufällig in die eine oder andere Richtung lenken, ohne dass wir es selbst bemerken. Wir haben einen kleinen Vorteil, einen winzigen Vorsprung in einer entscheidenden Lebensphase, einen ersten unauffälligen Erfolg, der uns hilft, den nächsten kleinen Vorteil zu bekommen. Am Ende ist der Unterschied riesig. Und warum? Vielleicht fing es bloß damit an, dass irgendjemand willkürlich im Kalender einen Schnitt machen musste.

Der Zeitpunkt der Geburt lässt sich selbst mit viel Ausdauer und Muskelkraft nicht in eine günstigere Richtung schieben, wie festgetackert steht er im Kalender, von der Wiege bis zur Bahre, ewig unverrückbar. Karrieren im Profisport beruhen damit, in Teilen, auf unverdienten Vorteilen. In Teilen – und darin liegt schließlich auch die Komplikation, weil Größe und Gewicht der unverdienten Vorteile aus keiner Perspektive verlässlich bestimmbar sind, fast so wie in der Quantenphysik, wo sich Ort und Impuls eines Teilchens nie gleichzeitig messen lassen. Irgendwas bleibt immer offen. Was an einem Erfolg erarbeitete Leistung ist und was Zufall, ist im Einzelfall nahezu undefinierbar.

Die Risse im Ideal der Leistungsgerechtigkeit zeigen sich nämlich oft erst von Weitem, wenn man viele Daten sammelt und aus all dem Gewimmel der strebend sich bemühenden Einzelkämpfer herauszoomt. Dann erst sieht man Muster, die aus der Nähe verborgen bleiben, weil im Alltagsgefecht das ständige Schaffen so sehr das Erleben dominiert, dass wir es allein für maßgeblich halten.

Vielleicht hatten wir ja tatsächlich das Glück, dass unsere Eltern uns einen günstig zum Stichtag liegenden Entbindungstermin eingerichtet haben. Danke, Mama, danke, Papa. Aber wäre es das, woran wir denken, wenn der Talentscout bei uns auf dem Platz steht?

Und der Mannschaftskamerad, dessen Mutter ihn weniger vorteilhaft im Jahresverlauf entband? Würde der sich wirklich über das vierte Gebot hinwegsetzen und seine Eltern verfluchen, missgünstig zum Sportsfreund hinüberblicken und innerlich grummeln, dass da doch nur wer von der Gnade der frühen Geburt profitiert?

In den entscheidenden Auswahlsituationen schauen wir nicht kontrollierend in den Kalender. Eher vergleichen wir die Geschicklichkeit am Ball, Kraft und Durchhaltevermögen. Und es stimmt ja auch: Der Geburtszeitpunkt kann einen entscheidenden Stupser liefern, aber garantiert allein noch keine Profikarriere. Es braucht eine sich daran anschließende Leistung, damit er sich als kleiner Vorteil entfalten kann. Und vielleicht spielt auf demselben Platz ja auch ein Novemberkind, das durch Talent und Tatendrang ebenfalls den Sprung in die Nachwuchsförderung schafft – wie der lebende Gegenbeweis, dass das, was man eh übersieht, dann so entscheidend womöglich auch nicht ist.

Aber eben doch entscheidender, als man denkt.

Da draußen auf dem Platz, wo junge Sportlerinnen und Sportler von einer Profikarriere träumen, wird die kleine Störung kaum bemerkt. Deswegen vielleicht fiel sie der gesamten Hockeywelt über Jahrzehnte nicht auf.

Was zählt für den Erfolg? Dass wir Talent haben und uns anstrengen, und in einem ungeklärten Maße eben auch: die günstige Gelegenheit, förderliche Begegnungen, zur richtigen Zeit am richtigen Ort sein, lange für belanglos Gehaltenes, Glück, Zufall, unscheinbare scheinbare Nebensächlichkeiten in all ihren Spielarten, Nebensächlichkeiten, deren Bedeutung uns für immer verborgen bleiben wird, Nebensächlichkeiten, die wir, selbst wenn wir ihre Bedeutung erkennen, einfach wie ein Schicksal hinnehmen müssen, Nebensächlichkeiten, die wir verstehen und beeinflussen können (womit ausdrücklich nicht geklärt ist, ob deren Manipulation noch als Leistung im meritokratischen Sinne oder schon als Mogelei zu werten wäre).

Nebensächlichkeiten etwa wie der Buchstabe, mit dem unser Nachname beginnt. Wirtschaftswissenschaftlerinnen und Wirtschaftswissenschaftler steigen an US-amerikanischen Eliteuniversitäten umso eher auf, je weiter vorn im Alphabet sie stehen – wahrscheinlich weil wichtige Fachzeitschriften bei Aufsätzen mehrerer Autorinnen und Autoren die Verfasser in alphabetischer Reihenfolge angeben und so einem Herrn Akerlof Aufmerksamkeit verschaffen, während die Frau, deren Nachname mit Z beginnt, unter »et al.« in der Anonymität verschwindet (innerhalb der Psychologie, in der es nicht Usus ist, Autorinnen und Autoren alphabetisch aufzuführen, fand sich dieser Effekt nämlich nicht).[45]

Nebensächlichkeiten wie die Frage, ob man einen zweiten Vornamen hat, den man abkürzen und als geheimnisvoll-bedeutungsschweres Mittelinitial mit sich herumtragen kann. In einem Experiment hielten Versuchspersonen einen Autor namens David F. Clark für intellektuell begabter als einen Autor, der nur David Clark heißt.[46]

Nebensächlichkeiten wie die Frage, ob man als Erster bei einem Wettbewerb antritt oder als Letzter. Beim Eurovision Song Contest etwa sind die Gewinnchancen nachweislich umso größer, je später am Abend ein Teilnehmer singt – wahrscheinlich, weil das Publikum und die Jury bei der Punktevergabe Lieder bevorzugen, die noch frisch im Ohr sind.[47] Selbst bei alltäglicheren Wettbewerben zeigen sich Vorteile für die Spätantretenden, man fand es bei der Auswahl von Stipendiaten an Universitäten und wahrscheinlich gilt es auch für Bewerbungsgespräche im Berufsleben.[48]

Nur um ein paar Beispiele aus einer langen Liste genannt zu haben.

Aber wir haben nun einmal alle Hände voll zu tun, so sehr, dass wir gar nicht bemerken, wie eine mächtige Frequenz dazwischenfunkt und die grobe Richtung vorgibt, während wir selbst in Wahrheit nur mit der unwesentlichen Feinarbeit beschäftigt sind. Es ist, als habe man eine Bruchbude irgendwo in einer landschaftlich wenig reizvollen Gegend gekauft, und jetzt bringt man sie auf Vordermann: Am ersten Tag installiert man Glühbirnen, am zweiten tauscht man die Fenster aus, dann irgendwann repariert man die tropfenden Wasserhähne, schleift die Dielen ab, tapeziert, verzweifelt am Aufbau der Ikea-Möbel, und als man sich schließlich am siebten Tag den Schweiß von der Stirn wischt und vor die Tür tritt, steht das ganze Bauwerk, auf wundersame Weise versetzt, an einem zauberhaften Ort mit Meerblick. Und man sieht, dass es gut ist. Wahrscheinlich denkt man sogar, man habe das Haus eigenhändig dorthin verfrachtet, so geschäftig, wie man drinnen die ganze Zeit den Schöpfer geben konnte.

Der heimliche Ehrgeiz ergibt überhaupt nur einen Sinn unter der Annahme, dass wir in einer Gesellschaft leben, in der wir etwas ausrichten können. Wir können eine Delle in die Welt schlagen. Leistung erscheint, da Geburt und ständische Vorrechte als akzeptable Rechtfertigung ausfallen, als das einzig verbliebene legitime Zuteilungskriterium für sozialen Status. Wir sind darauf gepolt, das Augenmerk auf unser eigenes Tun zu richten, denn das ist es, woran sich bemisst, ob wir verdient etwas erreichen. Dass die große Tat in viele kleine zerfallen muss und der Ehrgeiz über einen langen Parcours gestreckt wird, damit in einer egalitären Gesellschaft die allgemeinen Zugangshürden niedrig bleiben, trägt vermutlich mit bei zu einer aufgebauschten Illusion eigener Handlungsmacht: Wir überschätzen unseren Eigenanteil am Erfolg, weil wir uns ja tatsächlich dauernd reinhängen müssen.

Aber dann, wenn man kurz stehen bleibt und sich umguckt oder an den kurzen Moment der Irritation zwischen Schule, Studium und dem Ernst des Lebens zurückdenkt, stellt man fest: Es ist etwas ins Rutschen geraten in den vergangenen Jahrzehnten. Das gleiche Tun wird nicht mehr gleich belohnt. Die vermeintlichen Nebensächlichkeiten werden bedeutender, Leistung und Erfolg entkoppeln sich – und in dem Moment der Geschichte, in dem wir womöglich am stärksten an sie glauben, löst die Meritokratie ihr Versprechen immer seltener ein.

BILLIE AUS L. A.

Der Ökonom Robert H. Frank von der Cornell University in Ithaca im US-Bundesstaat New York hat die These aufgestellt, dass sich in immer mehr Lebensbereichen wiederholt, was lange nur für die Arbeitswelt von Künstlerinnen und Künstlern galt: Ein paar wenigen Stars fliegt alle Aufmerksamkeit zu – und der Rest wird mit Nichtbeachtung gestraft.[49] Die großen Namen sind begehrt, sie können sich aus einer Fülle von Aufträgen die glamourösesten herauspicken und damit absurd hohe Summen verdienen. *The winner takes it all.* Der Erfolg türmt sich in irrwitziger Weise bei einer kleinen Spitzengruppe auf, sodass jeder Zweitplatzierte wie der erste Verlierer wirkt, dem nur noch die Nackenschmerzen bleiben vom staunenden Hinaufstarren: So viel anders sind die Gewinner nämlich eigentlich nicht – oder doch? *The loser has to fall.* In immer mehr Berufen und Tätigkeiten machen Menschen

Erfahrungen, die bisher nur Schauspielerinnen und Schauspieler kennen, Dichterinnen, Regisseure, Maler – oder Musikerinnen.

Den Musikmarkt hat die Superstarlogik schon lange umgewälzt, sodass sich der Mechanismus hier besonders gut studieren lässt. Als Tenor, Pianistin oder Dirigent wurde man wahrscheinlich selten besonders reich, auch früher nicht, aber es gab Umstände, da schien der Erfolg zumindest berechenbar und beherrschbar, und auch dem musizierenden Fußvolk in der Breite fiel bei etwas Talent ein fairer Anteil zu. Man beherrschte ein Instrument, suchte eine Anstellung beim Orchester oder in der Oper und hatte vor Ort ein Publikum, das über wenig Ausweichmöglichkeiten verfügte und sein Geld verlässlich an die Abendkasse trug. Von den Eintrittszahlungen konnte man passabel leben, weil die Kunden keine große Wahl hatten: Schallplatten gab es nicht, das Radio gab es nicht, keine Musiksendungen im Fernsehen und Spotify erst recht nicht. Wann immer ein Endverbraucher Heißhunger auf etwas Melodisches verspürte, musste er sich vertrauensvoll an den Musikus um die Ecke wenden.

Doch dann begann die Technik, Musik überregional verfügbar zu machen, Begrenzungen durch Raum und Zeit dahinschmelzen zu lassen und die vielen voneinander abgeschiedenen Musikmärkte zu einem großen zu verbinden. Der Musiker um die Ecke kann heute theoretisch überall Fans finden, Tausende, Hunderttausende, Millionen, die Verdienstgrenzen sind nicht mehr länger beschränkt durch die Zahl der Plätze im örtlichen Konzertsaal. *The Sky is the Limit.* So weit die Theorie. Ganz praktisch eingebüßt hat der einzelne Musiker im Gegenzug allerdings sein Gebietsmonopol – und konkurriert nun mit unzähligen anderen um die Gunst eines riesigen Publikums. Mit einem Mal gab es unglaubliche Chancen, aber auch eine unübersehbare Zahl an Wettbewerbern. Wer also würde das Rennen machen?

Die Möglichkeiten der einzelnen Musikkonsumentin sind weiterhin überschaubar und begrenzt. Der Tag hat 24 Stunden, und die geneigte Hörerin kann unmöglich ein Ohr haben für alles, was der enorm ausgeweitete Markt bietet, es würde jede Kapazität sprengen, eine qualifizierte Auswahl zu treffen aus allen verfügbaren Folksongs, Kantaten, Rockballaden, Arien, Chansons, Streichquartetten, Sommerhits, Hip-Hop-Tracks, Marschmusikkompositionen, Gospel-Einspielungen, Bierzeltstampfern, Klaviersonaten, Partyschlagern, Elektro-Beats, Popstücken und sonstigen immer wieder neu zusammengequirlten Cross-overs: Das Angebot ist ein Ozean, in dem man bei jedem Versuch, ihn tiefer zu erforschen, sofort ertrinkt. Und Frischware wird schneller angeliefert, als man die Ohren spitzen kann. Es braucht eine Abkürzung, um die passende Musik zu finden. Und weil der Mensch vom Angebot überfordert ist, gern irgendwo dazugehört und gerade bei der Musik das Gemeinschaftserlebnis und die Fachsimpelei unter Gleichgesinnten schätzt, schließt er sich nach einem flüchtigen Blick der Vorauswahl anderer Fans an. Sie werden schon nicht vollkommen irren.

Für den einzelnen Musiker bedeutet das wiederum: Einfach gute Arbeit abzuliefern, führt nicht mehr geradewegs zum Erfolg, oft nicht mal in die Nähe. Andere Umstände müssen ihn dahin führen.

So konzentriert sich der Markt auf wenige Spitzenverdiener, während viele, viele Musikerinnen und Musiker weitgehend unter Ausschluss der Öffentlichkeit auftreten, an der Armutsgrenze krebsen und vergeblich auf einen Plattenvertrag und den großen Durchbruch hoffen. Neben den Melodien für Millionen gibt es Millionen, deren Melodien ungehört verhallen.

Im Jahr 1981 entfielen in den USA auf das bestverdienende Prozent der Musikerinnen und Musiker 26 Prozent aller Konzerteinnahmen.

Im Jahr 2003 waren es bereits 56 Prozent.[50]

Theoretisch ist der unermessliche Ruhm auf extreme Weise demokratisiert: Es gibt kaum Zugangsschranken, alle können zum Star werden. Und strukturell können sie es gerade darum nicht: Damit sich die Aufmerksamkeit so extrem bei wenigen ballen kann, müssen unzählig viele andere verzichten. Der Star ist ein profaner Heiliger, er ist wie wir alle und gleichzeitig anders, völlig normal und komplett außergewöhnlich, aber was den Unterschied macht, das bleibt ewig unergründlich.

Bis zum Jahr 2015 hatte die Welt keinerlei Notiz von einer damals 13-Jährigen genommen, die wie Millionen andere jenseits des Rampenlichts lebte und, wer weiß, vielleicht wie Millionen andere heimlich den gleichen Traum träumte und berühmt werden wollte, aber nicht damit rechnete, es zu werden. Eines Tages fragte ihr Tanzlehrer sie, ob sie nicht einmal eine Choreografie zu einem eigenen Song einüben wolle. Ihr Bruder mache doch Musik.

Als ihr Bruder irgendwann in ihrem Zimmer stand und von einem Lied erzählte, das er für seine Band geschrieben hatte, kam schließlich die Idee: Könnte das nicht der Song für die Choreografie in einer der nächsten Tanzstunden sein?

Im November 2015 lud sie das Stück auf Soundcloud hoch, einem Streamingportal, und schickte ihrem Tanzlehrer den Link. Ohne weitere Hintergedanken, weil es auf die Art am einfachsten ging, wie sie später in einem Interview sagte.[51] *Ocean Eyes* hieß dieses Stück, und davor hatte sie gerade einmal zwei andere Songs hochgeladen, eher aus Spaß, für den Freundeskreis, ohne größere Resonanz darüber hinaus. Alle Welt hätte sie längst hören können. Aber niemand war bisher auf die Idee gekommen. Warum auch?

Und warum nicht auch dieses Mal?

Doch jetzt passierte, womit sie wohl nicht gerechnet hatte: Ihr dritter Song fand plötzlich Beachtung. Immer mehr Leute streamten *Ocean Eyes*. Warum auch immer. »Ich klickte auf ›Aktualisieren‹ und es gab einen Haufen neuer Aufrufe«, erzählte sie später. »Wir dachten: Was zum Teufel ist hier los?«[52]

Als der Song vielleicht 100 Aufrufe hatte, entdeckte ein Musikblogger ihn. »Wir meinen es ernst, wenn wir immer wieder sagen, dass ein einziger Track ausreicht, um eine Karriere zu starten«, schrieb er auf seinem Blog und schwärmte von diesem so ganz neuen Klang, »rein und unverfälscht«.[53] Noch mehr Menschen erfuhren von dem Lied. Noch mehr Menschen hörten es. Noch mehr Menschen teilten es auf Soundcloud mit ihren Freundinnen und Freunden. Und so erfuhren wieder mehr Menschen von dem Lied. Noch mehr Menschen hörten es. Noch mehr Menschen teilten es. Die Lawine rollte an.

Sie saß bei Starbucks, als die Lawine sie erfasste. Ihr Bruder rief an: »Alter! Unser Song wurde 1000 Mal gespielt. Wir haben es geschafft.«[54] Bald waren es 2000 Aufrufe, 5000, 10 000, 20 000. Ein viraler Hit.

Kurz darauf kennt die ganze Welt den Namen der eben noch völlig unbekannten 13-Jährigen aus Los Angeles: Billie Eilish.

Zwei Jahre später tourt sie um die Welt, USA, Niederlande, Großbritannien, Deutschland, Neuseeland, Australien.

Vier Jahre später wird sie für sechs Grammys nominiert und gewinnt fünf.[55]

Fünf Jahre später schätzt die Zeitschrift *Forbes* ihren Jahresverdienst auf 53 Millionen Dollar und führt sie auf der Liste der 100 bestbezahlten Prominenten der Welt.[56]

»In einer gefestigten demokratischen Gesellschaft«, schrieb Tocqueville, sind »die großen und raschen Aufstiege selten; sie bilden die Ausnahme zur alltäglichen Regel. Ihre Einzigartigkeit ist es, die ihre kleine Zahl vergessen lässt.«[57]

Warum wird die eine wie aus dem Nichts zum Star und der andere nicht, obwohl beide auf Anhieb so wenig unterscheidet? Man weiß es nicht, und selbst jene, die die Hits von morgen erkennen müssten, weil genau das ihr Beruf ist, scheitern regelmäßig daran. Da gibt ein großes Plattenlabel vier Jungs aus Liverpool am Neujahrsmorgen des Jahres 1962 die Gelegenheit vorzuspielen – und lehnt sie ab. Später wird die Band als *The Beatles* weltberühmt. Da zieht sich der Folk-Pop-Sänger Rodriguez aus Detroit nach zwei erfolglosen Alben aus dem Geschäft zurück – und wird später, ohne davon zu wissen, in Südafrika zum Superstar.[58] Da veröffentlichen mehr als 30 Millionen Künstlerinnen und Künstler auf Soundcloud ihre Werke, über 300 Millionen Stücke sind abrufbar und täglich werden es mehr und mehr und mehr.[59] Und zum Hit wird *Ocean Eyes,* ein sicherlich großartiges Lied, »rein und unverfälscht«, aber Hand aufs Herz: Auf wie viele andere, die für immer unentdeckt bleiben, würde das womöglich ebenso zutreffen? Warum wurde ausgerechnet ein Mädchen aus Los Angeles mit einer nicht einmal fürs breite Publikum gedachten Aufnahme über Nacht berühmt?

Es gibt Wissenschaftler, die nach einer Antwort suchen. Was Billie Eilish in freier Wildbahn widerfuhr, hatten der Soziologe Matthew Salganik und seine Kollegen einige Jahre zuvor unter Laborbedingungen erforschen können. In einem viel beachteten Experiment bastelten sie eine eigene Online-Musikbörse, viel kleiner als Soundcloud natürlich, nicht mit Millionen Songs, sondern mit einer überschaubaren Auswahl von 48. Die Stücke hatten ihnen unbekannte Nachwuchsbands zur Verfügung gestellt, und die Wissenschaftler luden nun Tausende Teenager zum Probehören ein. Die Versuchsanordnung war wie folgt: Jeder Teilnehmer und jede Teilnehmerin konnte sich während der mehrwöchigen Laufzeit des Experimentes einmal in das »Music Lab« einloggen und Songs zum Download auswählen. Wer sich einloggte, sah, wie häufig ein Track bereits von den vorherigen Nutzern heruntergeladen worden war. Zu Beginn waren die Zahlen klein und verteilten sich gleichmäßig auf die Lieder, hier vier Downloads, dort drei, anderswo fünf. So in etwa. Aber je länger das Experiment lief und je mehr Menschen die Musikbörse ansteuerten, desto ungleicher entwickelte sich die Verteilung: Einige Songs wurden beliebter und setzten sich immer weiter ab, andere bekamen nach einer Weile kaum noch Aufmerksamkeit, und mit den Wochen vergrößerte sich der Abstand zwischen der Spitze und dem Ende der Downloadliste. Es kristallisierten sich einige wenige Bands heraus, die einen großen Teil des Ruhms auf sich vereinten – und sehr viele mehr, die weit abgeschlagen dahinter rangierten. Ein typisches Superstar-Muster: *The winner takes it all.*

Wirklich erstaunlich ist allerdings, wie beinahe beliebig die Teenager im Experiment ihre Hitliste zusammengewürfelt hatten: Die Wissenschaftler hatten die Nutzerinnen und Nutzer nämlich nach dem Zufallsprinzip in acht Gruppen aufgeteilt. Die Songs waren dieselben, die Hörer aber je achtmal andere. Die Downloadzahlen der einzelnen Songs schwankten am Anfang ein bisschen zwischen den acht Gruppen, am Ende aber hatten sich acht nahezu völlig verschiedene Hitlisten herausgebildet. Was in der einen Gruppe besonders populär geworden war, landete in der anderen im Mittelfeld. Was in der einen Gruppe eher mäßig ankam, führte in der anderen die Downloadstatistik mit Abstand an – und umgekehrt.

Es war vor allem ein Umstand, der darüber bestimmte, ob ein Song weiter im Mittelfeld dümpelte oder den Weg an die Spitze nahm: wie viele Downloads er bereits hatte. Was zufällig bei den ersten Nutzern populär war, wurde bei den kommenden populärer. Traf ein Lied den Geschmack derer, die sich ganz zu Anfang durch die Liste der 48 Tracks geklickt hatten, standen die Chancen gut, dass auch die, die sich erst später ins »Music Lab« einloggten, den Song als ihren Favoriten auswählten. Billie Eilish hatte vielleicht einfach Glück. Aber nur Glück?

Selbstverständlich überlegten die Soziologen um Matthew Salganik, ob es nicht doch auch eine Rolle spielte, wie gut die Bands waren. Könnte man auch mit 3:30 Minuten Topfschlagen zum Chartstürmer werden, wenn ein paar Spaßvögel am Anfang ihren Gefallen bekunden würden? Irgendeinen Einfluss müsste das haben, was man mit etwas grobem Vokabular als Leistung der Musiker bezeichnen könnte, als Talent, Originalität, Genie. Die Forscher bildeten daher eine weitere Vergleichsgruppe, in der die Musikfans keinerlei Informationen über die bisherigen Downloads bekamen – in der sie die Songs also völlig rein und unverfälscht vom Herdenverhalten hören konnten. Als sie diese Liste mit den Hitlisten der übrigen Gruppen verglichen, stellten Matthew Salganik und seine Kollegen zwar fest, dass die Qualität der Lieder eine Rolle spielte, aber eine erstaunlich geringe. Was von der unvoreingenommenen Zuhörerschaft für besonders gut befunden wurde, landete in den anderen Gruppen zwar nie ganz unten, und die als besonders schlecht befundenen Songs gelangten auch bei angezeigten Downloadstatistiken nie ganz nach oben. Aber das war's. Viel mehr ließ sich nicht sagen.

Den Bands, die es im Experiment an die Spitze schafften, wird man also nicht völlig absprechen können, dass der Erfolg sie für etwas belohnt, was sie Kraft und Mühe gekostet hat und gewissen Gütestandards entspricht. Da sind Klänge, da ist ein Rhythmus, da ist Gesang, unbestreitbar handelt es sich um Musik, die nicht völlig aus dem Nichts kommt und einigen Menschen durchaus gefallen könnte. Mithin eine Leistung. Nur wächst sie sich mal zum gigantischen Erfolg aus und mal nicht.

Welches Musikstück den einen Weg nimmt und welches den anderen, folgerten Salganik und seine Kollegen, ist kaum vorhersehbar im Experiment – und in der weiten, struppigen Wirklichkeit wohl erst recht nicht. Weil es das unvoreingenommene Hören da draußen viel weniger gibt als unter Laborbedingungen. Weil die Beeinflussung durch andere im wahren Leben viel stärker ausfällt als in einer Studie, in der der einzige Hinweis darauf, was allgemein gut ankommt, eine unkommentierte Abrufstatistik ist. Weil Fans jenseits des Labors miteinander reden und einander Tipps geben. Weil Marketingabteilungen mächtig versuchen, den Geschmack der Massen mitzuprägen. Weil die Auswahl so unendlich viel größer ist als in einem Versuch mit 48 Songs.[60]

ZWEI SCHUSTER KLAPPERN IM HANDWERK

Der Soziologe Gustav Ichheiser, heute nahezu vergessen, hat 1930 unter dem Eindruck des Glücksrittertums der Zwischenkriegsjahre eine kurze, aber scharfe »Kritik des Erfolgs« verfasst. Darin unterschied er zwischen den in einem Beruf offiziell vorgegebenen Leistungsanforderungen und den inoffiziellen Mitteln, mit denen man dem Erfolg auf die Sprünge hilft – zwischen dem ehrlichen Handwerk also und dem Klappern, bei dem man sich immer fragen kann, inwiefern es noch dazugehört.

Der Schuhmacher, um das einfache Beispiel aufzugreifen, das Ichheiser wählte, fertigt Schuhe. Möglichst gut, möglichst effizient. Versteht er sein Fach, findet er Kunden, und seine Kasse klingelt. Dem besseren Schuhmacher gebührt der größere Erfolg.

Das ist die offizielle und nüchtern-klare Sicht, das meritokratische Ideal: Der Schuster bleibt bei seinen Leisten, und das Ding läuft.

Aber dann ist da ein Mitbewerber, der neben dem eigentlichen Handwerkszeug noch diverse Stützinstrumente in Stellung bringt, über die sich das offizielle Berufsbild ausschweigt. Er investiert in Werbekampagnen, knüpft förderliche Kontakte, schafft es durch günstige Fürsprache, sein Angebot strategisch geschickt am Markt zu platzieren, arbeitet nicht nur an Schuhen, sondern mindestens genauso intensiv an seiner Marke. Am Ende ist er derjenige, der den leistentreuen Berufsgenossen abhängt. Zu Recht?

Ichheiser störte sich daran, dass allerorten Menschen ihre soziale Position zu verbessern versuchen mit Hilfsmaßnahmen, die nur den »Schein der Leistung« erhöhen, aber nicht das »faktische Niveau der Leistungen«.[61] Aber vielleicht sollte man es dennoch nicht gleich so rigoros sehen wie Ichheiser. Meritokratie ist schließlich nicht nur ein äußerer, sondern auch ein innerer Anspruch an das eigene Tun: Man ist es seiner Leistung schuldig, sie zum Erfolg zu machen, deswegen darf man dem Klappern gegenüber vielleicht offener sein, als es Ichheiser seinerzeit war, man muss die Leistung auch aufscheinen lassen, damit sie sich lohnen kann. Was hat man vom Fleiß, wenn nichts zurückkommt?

Und es wäre ja denkbar, dass der reklametreibende Schuster gleichzeitig der handwerklich geschicktere der beiden ist und den ihm gebührenden Vorsprung durch erfolgstüchtige Begleitaktionen lediglich absichert – was also im Ergebnis keinen Bruch mit den meritokratischen Spielregeln darstellen muss. Das Prinzip der Leistungsgerechtigkeit schweigt sich ohnehin aus zur Frage, in welchem genauen Verhältnis ein Leistungsvorsprung mit einem Ergebnisvorsprung honoriert werden soll, auch Superstar-Muster sind rein theoretisch bis zu einem gewissen Maß meritokratisch begründbar (wobei es selbstverständlich irgendwann unglaubwürdig wird, wenn die Proportionen so völlig aus dem Rahmen geraten und extreme Erfolgsunterschiede auf Leistungsdifferenzen beruhen, die so mikroskopisch sind, dass sich der Verdacht nicht mehr beiseitewischen lässt, es könnte sich doch nur um Messungenauigkeiten und Zufallsschwankungen handeln).[62]

Wo nun verläuft die Grenze? Wo kippen die Verhältnisse? Was, wenn es einem Stümper mit zwei linken Händen durch penetrante stadtweite Plakatierung gelingt, über seine Mittelmäßigkeit hinwegzutäuschen, reihenweise Absatzmärkte für schlecht vernähtes Schuhwerk zu erschließen und den sauber produzierenden Mitbewerber auszustechen? Wenn eben nicht der Bessere vorn liegt, sondern der mit der besseren Werbung?

Man kann also darüber streiten, wie böse und verwerflich es ist, dem Erfolg nachzuhelfen. Vielleicht mag man, anders als Ichheiser, dem Schuster durchaus zubilligen, dass er mal ein bisschen für seine Arbeit wirbt, auch wenn sich damit ein kleiner moralischer Graubereich auftut. Und trotzdem ist Ichheisers Beispiel noch eines der eindeutigeren: Bei diesem Gewerk immerhin lassen sich ehrliche Arbeit und erfolgsheischende Mogelei vergleichsweise präzise unterscheiden. Wo ist das heute noch möglich?

Früher wussten die Menschen in den meisten Berufen ziemlich genau, was sie zu tun hatten (und wie gut und wie viel davon), um sich die in Aussicht gestellten Gratifikationen zu sichern. Als Lokomotivführer stand man im Führerstand und lenkte die Lokomotive, als Fabrikarbeiterin schraubte man am Fließband Teile zusammen und als Schuhmacher machte man halt Schuhe (und allenfalls nebenbei ein bisschen Werbung).

Heute verwischt zunehmend, was noch Kernarbeit ist und was schon Stütztätigkeit. Was ist der eigentliche Job und was der

Wind, den man drumherum macht? In der modernen Wissensarbeit bleibt selbst den Ausführenden nicht selten schleierhaft, was überhaupt die Leisten sind, bei denen sie bleiben könnten. Man merkt es schnell daran, wie schwer die Antwort auf die Was-machst-du-so-Frage im Party-Small-Talk fällt. Was macht man denn so?

Als Strategieberaterin etwa? Als Growth Manager? Als Digitalkuratorin? Als Programmleiter? Als Kreativchefin? Und was davon ist jetzt gefahrlos im Geplauder am Büfett vermittelbar, weil es ganz grob mit generell anerkannten Leistungsnormen korrespondiert, und was behält man lieber als Insiderwissen für sich? Wer entscheidet, ob man eine Tätigkeit gut macht, wenn am Ende gar kein klar messbares Produkt herauskommt, sondern Information, Innovation, Inspiration, Kommunikation?

Vielleicht beschwört man auch deswegen im Beruf andauernd die Notwendigkeit des lebenslangen Lernens, weil es von vornherein zu selten ein Tätigkeitskorsett gibt, für das sich eine präzise Ausbildung definieren ließe. Man driftet eben so durch den Job.

Die Grenzen verschwimmen in den Arbeitswelten unserer Tage. Und wenn die Leistungskriterien schwammig werden, kann selbst die reine Darstellung von Erfolg zu einer Leistung erklärt werden, die wiederum den Erfolg rechtfertigt. Für die Strategieberaterin gehört es vielleicht zum Aufgabenprofil, wie eine Gewinnerin zu wirken, um mit ihrer Strategieberatung durchzudringen, um dann tatsächlich die Gewinnerin zu sein. Das Image selbst ist eine Ressource, die Inszenierung bereits Teil der Arbeit. Schwer zu sagen also, wo man der Idee der Meritokratie noch folgt und wo man sie bereits verrät.

Das ist der Punkt, an dem sich viele Karrieren den Mustern annähern, die man aus dem Unterhaltungsbereich oder aus dem Musikbusiness kennt: Wo höchstens schemenhaft umrissen werden kann, worin die relevanten Aktivitäten und Eigenschaften für eine Tätigkeit bestehen, bezeugen andere, die Gewogenen, die Qualität. Es geht um Gunst statt um Leistung, wobei die Gunst vertrackterweise als etwas verklärt werden kann, das vage auf einer nicht weiter ersichtlichen Leistung beruht. Die unterstellte Eignung für eine Position verschafft wie ein Selbstläufer den Karriereerfolg in Fällen, wo strukturell unklar ist, welche Anstrengungen es eigentlich sind, die sich auszahlen sollten – so ähnlich wie im »Music Lab«-Experiment. Wer wird an die Spitze der Hitparaden befördert? Wer steigt in einem Unternehmen auf, wer kommt in der Politik nach oben, wer in der Kultur oder auch nur im Nachbarschaftsverein? Ein sich selbst verstärkendes Herdenurteil wird plötzlich zum entscheidenden Verdienstausweis, wenn die Unterschiede im Detail interpretationsbedürftig sind. Und so wiederholen sich dann die Starphänomene im Kleinen: Einige nehmen alles mit, und viele andere bleiben zurück, ohne dass irgendjemand so recht sagen könnte, warum eigentlich. Man findet keine Gründe und hofft daher umso inbrünstiger, dass eine Weisheit höherer Mächte es in Wahrheit richtet.

»Gerade hinsichtlich der geistigen Erscheinungen«, schreibt Ichheiser in seinem kleinen und sehr erhellenden Aufsatz, »sind mit merkwürdiger und ganz besonderer Hartnäckigkeit Meinungen weit verbreitet, welche die geistige Sphäre als der erfolgssoziologischen Gesetzmäßigkeit entrückt betrachten möchten.«[63] Wo der wahre Wert einer Leistung unmöglich zu fassen ist und der Erfolg letztlich an unergründlichen Kräften hängt, versperren wir uns besonders hartnäckig der Vorstellung, alles könnte bloß purer Zufall sein. Dass *Ocean Eyes* am Ende doch nur ein beliebiges Lied ist, das einer beliebigen 13-Jährigen eine Weltkarriere bescherte und letztlich alles irgendwie austauschbar ist und genauso gut eine beliebige andere mit einem beliebigen anderen Lied ihre Stelle hätte einnehmen können: Das will uns nicht in den Kopf. So etwas zu behaupten, erschiene wie ein Frevel, wie ein Sakrileg, wie Kunstschändung. Als würde man Kartoffelbrei gegen das Meisterwerk schleudern.

Der Erfolg ist zu gigantisch und in seinem Ausmaß so unglaublich verrückt, dass er einfach nicht wahllos passiert sein darf. Da muss doch eine höhere Logik am Werk sein – und gerade weil man beim besten Willen mit einfacher Logik nicht weiterkommt, erklärt man sie zur Herangehensweise von Banausen, die keinen Zugang zur Welt höherer Geisteswerke finden. Das jedenfalls unterstellt man distinktionsbewusst, was auch nur eine Form der Verklärung des Unerklärlichen ist. Und weil Musikstücke ja tatsächlich kaum vergleichbar sind und jedes für sich einzigartig ist, ist man geneigt zu denken, dass gerade in diesem einen Song irgendeine Magie wirkt und seinen Erfolg begründet, so rein und unverfälscht, wie nur dieser klingt und sonst keiner (und viele andere auch, aber eben anders).

Wir sind, schreibt Ichheiser, der Überzeugung, »das ›Gute‹, das ›Schöne‹, das ›Wahre‹ sei mit Erfolgskräften begabt, die automatisch gleichsam seine Selbstdurchsetzung garantieren«.[64] Wahrscheinlich gilt das nicht nur für Musik, sondern für viele Bereiche des Lebens, in denen wir weniger an klar messbaren Resultaten, sondern an irgendwas mehrdeutigem Geistigem arbeiten. Viele Jobs haben sich in ein vages und waberndes Etwas verwandelt, das bei jeder ausführenden Person eine andere Gestalt annimmt, scheinbar unauflöslich an diesen Menschen geknüpft, an dessen Ideen und Gedanken gebunden, an dessen Ruf und Beziehungen und objektiven Vergleichsmaßstäben damit mehr oder weniger enthoben. Flackernd, flimmernd und schwer zu fassen.

Paradoxerweise nehmen wir unermesslichen Erfolg umso bereitwilliger hin, je mehr sich die Tätigkeit eindeutigen Beurteilungskriterien entzieht.

Könnte man sich das zum Beispiel vorstellen: Ein Automechaniker wird zum international gefeierten Superstar, und Menschen aus allen Ländern wollen ihre Autos von ihm reparieren lassen. Er geht auf Tournee um die Welt. Fernsehstationen übertragen live, wie er mit seinen Zauberhänden an den Fahrzeugen schraubt, die Zeitungen berichten, er gibt Interviews darüber, wie er alte Motoren wechselt und Millionen verdient, während die Kollegen weiterhin mit dem Tarifgehalt vorliebnehmen müssen (aber immerhin gibt's Tarif).

Und dann stellt sich heraus, dass der Automechanikerstar ein wahres Multitalent ist: Er verfügt außerdem über außerordentliche Fähigkeiten als, sagen wir, Schuster. Die Menschen fahren nicht nur ihre Schrottkarren bei ihm vor, sie steigen aus, schnüren ihre durchgetretenen Wanderschuhe auf und übergeben sie ihm mit der größten Hochachtung zum Flicken. Einige Fans fallen sogar in Ohnmacht, wenn sie ihrem Idol nahe kommen.

Eine seltsame Vorstellung. Aber es ist doch erstaunlich, dass wir in manchen Bereichen anstandslos einen Starrummel hinnehmen, den wir in anderen grotesk finden würden. Wir akzeptieren Popstars, aber auch Managementstars, Starunternehmensberater oder Staranwälte, die in ihren Zauberjobs mit dem irgendwie charismatischeren Werkzeug hantieren statt mit einem konturenscharfen Achtkantschlüssel und den unzweifelhaften Ölablassschrauben.

Und auch das vielfach begabte Genie findet sich immer nur dort, wo nicht so richtig auszumachen ist, was an dem Schaffen eigentlich das Geniale sein könnte, bei einem Sänger etwa, der zudem als Schauspieler brilliert und nebenbei noch abstrakte Bilder malt, die tatsächlich in Galerien zu Höchstpreisen weggehen, sodass man nur staunen kann. Zum Genie wird man per Proklamation, weil das Geleistete in jeder Hinsicht unvergleichbar ist.

Dass manche sich zu Stars entwickeln, ist zwar unerklärlich, aber einleuchtend. Und diejenigen, denen derartige Erfolge nicht zuteilwerden, sind zurückgeworfen auf die Frage, worin genau der Mangel ihrer Talente und Bemühungen besteht, eine Frage, auf die keine Antwort zu finden ist. Man schaut in die Röhre, aber sieht kein Licht am Ende des Tunnels.

Warum haben einige Erfolg und andere nicht? Und warum ist die Kluft so groß, die sich zwischen beiden auftut?

Wahrscheinlich stand Billie Eilish selbst vor einem Rätsel, als das Lied, das sie für ihren Tanzlehrer bei Soundcloud hochlud, mehr und mehr herausragte aus den unendlichen Weiten der Millionen unbeachtet dahinwogenden Songs, die ebenfalls jederzeit Hits hätten werden können. Sie wurde über Nacht zum Star und konnte ehrlicherweise keinen blassen Schimmer haben, wie es dazu kam. Warum sie? Warum jetzt? Warum nicht ganz andere? »Ich habe erst gemerkt, wie groß die Sache geworden ist, als wir 50 000 Aufrufe erreicht hatten«, sagte sie später in einem Interview. »Ich habe es nicht wirklich verarbeitet. Es ist einfach schwer, weil es nicht jedem passiert und so selten ist.«[65]

Glück zu haben, ist eine schöne Angelegenheit, aber noch schöner ist das Gefühl, es auch zu verdienen. Der Erfolg muss einem gespenstisch erscheinen, wenn er so ohne Erklärung kommt, plötzlich, rasant, unerwartet. Wenn man so aus dem Nichts nach oben katapultiert werden kann, was bitte kann einem dann noch widerfahren? Wofür muss man sich wappnen? Kann man bei irgendwem eine Versicherung abschließen gegen einen ebenso plötzlichen und tiefen Fall?

Man begibt sich auf die Suche nach Anhaltspunkten für den eigenen Aufstieg, die man zuvor übersehen haben muss, die man vielleicht auch nicht wahrgenommen hatte aus einem simplen

Grund: weil es sie nicht gibt. Jetzt braucht man sie umso dringender. Jetzt steht man vor der Herausforderung, sich trotzdem einen Reim auf sein Schicksal machen zu müssen.

Bloß welchen?

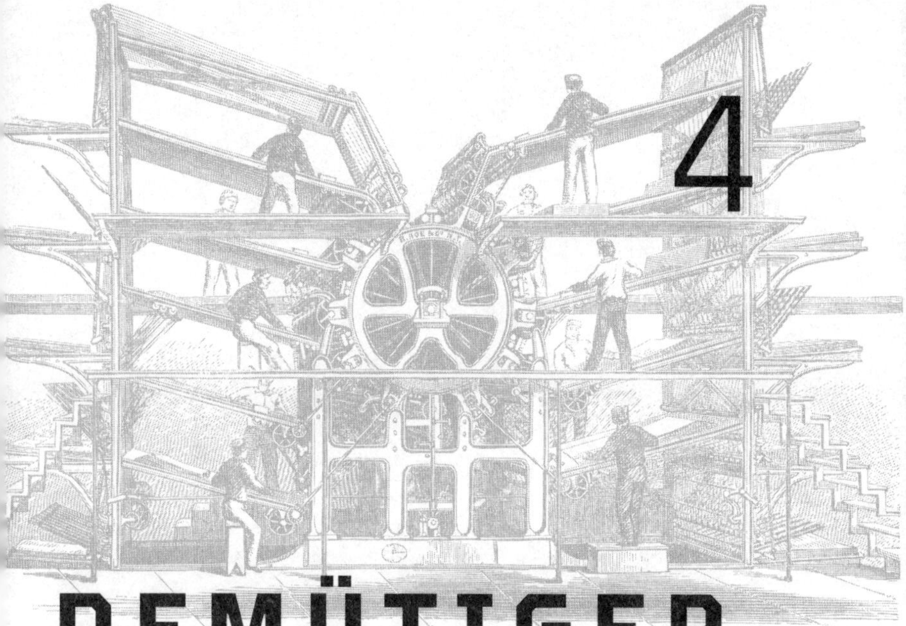

4

DEMÜTIGER TRIUMPH

WIE DIE ERFOLGREICHEN ABHEBEN, AUCH WENN SIE BODENSTÄNDIG BLEIBEN

Gut möglich, dass im Großbritannien des Jahres 2034, dem Land, in dem Gerechtigkeit auf Erden herrscht, auch das grauenhafte Leid ein Ende fand, das all die Erfolgreichen jahrhundertelang gequält hat. Wie schwer sie es hatten. Nie konnten sie ihr Glück ungetrübt genießen, immer nagte irgendwo im Hinterkopf die Frage: Warum ich? Was habe ich getan? Womit habe ich das nur verdient? So richtig wissen konnte man es ja leider nicht. Denkbar, dass man ein glückliches Händchen bewiesen hatte bei der Wahl der Eltern: reich und gebildet und mit den besten Kontakten. Denkbar, dass man seine berufliche Position irgendeiner Laune des Universums zu verdanken hatte. Denkbar, dass man in Wahrheit nichts weiter war als eine Dumpfbacke, die es viel zu weit nach oben geschafft hatte. Und auch wenn man keine Dumpfbacke war, musste man ständig fürchten, dass die anderen einen für eine hielten, weil die Dumpfbackenquote selbst in gehobenen Positionen immer noch hoch genug ausfiel, so dass im Prinzip jeder eine sein könnte.

In unzähligen Therapiestunden versuchten die geschundenen Topleute alter Tage, ihr Hochstapler-Syndrom aufzuarbeiten: die lähmende Angst, sie könnten jederzeit als Betrüger auffliegen, als Blender, die eigentlich ungeeignet sind für die verantwortungsvolle Aufgabe, mit der sie aus irgendeinem schwer erkennbaren Grund betraut wurden. Da hatte man Geld, Ruhm und Status und trotzdem schlief man schlecht. Ein Jammer.

Aber jetzt: geheilt. Alle Selbstzweifel sind wie weggeblasen. Schließlich sind die Auswahltests, die man bestanden hatte, unbestechlich. Damit sind die einst durchaus häufigen Aufstiegsunfälle ausgeschlossen. Die Welt ist erlöst von Klüngel und Kumpanei. Hofieren und heucheln, tricksen und täuschen, mogeln und mauscheln, schummeln und schwindeln: alles zwecklos. Wer es im Großbritannien des Jahres 2034 geschafft hatte, hatte es zu Recht geschafft. Warum ich? Was für eine Frage.

Die Zukunft, die Michael Young in seinem fiktiven Bericht beschreibt, ist eine Leistungsgesellschaft, in der sich jeder Restzweifel erübrigt an der Position, die man darin einnimmt. Man nimmt sie ein, weil es nicht anders sein kann. Die Meritokratie sortiert die Menschen fehlerfrei in eine Rangfolge entsprechend ihrer Verdienste, aber sie verändert damit auch ihre psychologische Grundkonstitution dramatisch. Die Gräben zwischen den Gewinnern und den Verlierern werden tiefer – und vor allem die Blicke kälter und unbarmherziger, die von der einen auf die andere Seite geworfen werden. Young beschreibt die vollendete Leistungsgesellschaft als ein spaltendes Projekt, das nebenbei die Seelen der Menschen aushärtet.

Als in den Schulen noch manche Talente durchs Raster fielen und dafür aber gut situierte Schüler mit mäßiger Begabung durchgeschleppt wurden, als im Arbeitsleben nicht fein und klar ausgesiebt wurde und die Meritokratie noch nicht in allen Winkeln und Nischen umgesetzt war, so beschreibt es Young, fanden sich logischerweise auch die Leistungsfähigen und weniger Leistungsfähigen verstreut über alle gesellschaftlichen Lagen, oben wie unten, überall gab es Ausreißer, immer traf man auf genug Ausnahmen von der Regel, was, je nach Perspektive, Trost spenden konnte oder falschen Gewissheiten vorbeugen. Es gab in der Oberschicht vielleicht gute und kluge Leute, aber auch mehr als genug fragwürdige Gestalten, deren Status auf alles Mögliche zurückgehen konnte – nur definitiv nicht auf Talent und Tatendrang. Und umgekehrt gab es unzählige begabte und fleißige Arbeiter, die allein deswegen in ihrer Klasse verharrten, weil irgendjemand sie übersah und vergaß. Man konnte in der Unterschicht sein und sich trotzdem als verkanntes Talent fühlen: Vielleicht war man ja wirklich eines.

Die Welt war zwar ungerecht, weil sie Privilegierte schützte und Aufstiege verwehrte, aber selbst über dem härtesten Schicksal lag immerhin noch ein Weichzeichner, der die Verhältnisse weniger scharfkantig erscheinen ließ. Jetzt fühlt sich der Verlierer nicht nur minderwertig, der Verlierer muss einsehen: Er ist es tatsächlich. Für wen sich der Traum vom Aufstieg nicht erfüllt, der erwacht auf hartem Boden. Die Leistungs- und Befähigungstests messen mit der wissenschaftlichen Präzision einer Atomuhr, wie brauchbar ein jeder für die Aufgaben in der Gesellschaft ist. Sie machen damit die soziale Auslese über jeden Zweifel erhaben. Und so bleibt den Verlierern keine andere Erklärung für ihren Status als die bittere und schmerzhafte Einsicht, dass ihr Potenzial nicht ausreicht, dass sie mit zu wenig Talent geboren worden sind und all ihre Bemühungen sich als vergebens erwiesen haben.

Die Gewinner dagegen erhalten einen Freibrief, ihre Nase so hoch zu tragen, wie sie möchten. Niemand würde ihnen verübeln, wenn sie auf andere herabblicken, niemand sie zur Solidarität mit den Schwächeren zwingen. Warum auch? Die ganzen Vollpfosten und Faultiere hatten ja ihre faire Chance und sind daran gescheitert, ihr Pech. In einer Meritokratie ist der Erfolg eine offene Einladung zur Arroganz.

Aber jenseits dieses Technokratentraums? Wenn der Erfolg nicht so klar aus irgendwelchen Leistungskriterien ableitbar ist? Wenn er rätselhaft und immer etwas verdächtig ist? Wenn die Meritokratie lückenhaft bleibt und sich die Wirklichkeit in vielen Bereichen sogar von ihr wegbewegt?

Man könnte vermuten, dass die Siegreichen sich zumindest ein brüchiges Selbstbild bewahren. Wie will man sich etwas auf das Erreichte einbilden, wenn nicht restlos geklärt werden kann, inwiefern es überhaupt auf eigener Anstrengung beruht? Zumindest hätten diejenigen, die in einer unberechenbaren Wirklichkeit ihre Erfolge einfahren, weiterhin alle Chancen, sympathische Menschen zu bleiben: bescheiden, freundlich und nachsichtig denen gegenüber, die es nicht so weit gebracht haben.

Das würde man erwarten.

Wäre da nicht die Sache mit dem Monopoly-Spiel.

Der Sozialpsychologe Paul Piff von der University of California ließ seine Probandinnen und Probanden vor einigen Jahren zu einem ungewöhnlichen Experiment antreten: Sie sollten paarweise im Labor Monopoly spielen – unter ungleichen Bedingungen. Ein Spieler bekam sehr viel mehr Geld, er durfte mit zwei Würfeln würfeln, und wenn er über Los zog, bekam er doppelt so viel Gehalt wie der andere. Einfach so, rein zufällig. Der reiche Spieler startete mit einem Vorteil, der ihm praktisch nicht mehr zu nehmen war, und der arme mit einem Rückstand, den er nicht würde aufholen können. Egal, wie viel Glück er hatte. Egal, wie viele Sechsen er würfelte. Egal, ob er es irgendwie schaffte, die

Schlossallee zu kaufen und dazu noch die Parkstraße und mit seinen letzten zusammengekratzten Scheinen ein Haus darauf zu bauen. Im Grunde war der andere Spieler schon vor dem ersten Zug der ausgemachte Gewinner. Sein unverdienter Vorteil ist offenkundig, man sollte meinen, dass niemand ihn leugnen kann, nicht mal er selbst. Aber was würde daraus folgen? Rücksicht? Verständnis?

Mit versteckter Kamera filmte Piff etwa 100 ungleiche Paare bei ihren Partien. Einige der Aufnahmen zeigte er später bei einer Konferenz.[66] Es sind verblüffende Einblicke, wie das Glück uns korrumpiert.

»Wie viele 500er hast du?«, fragte da zu Beginn ein reicher Spieler den ärmeren.

»Nur einen.«

»Ernsthaft?«

»Ja.«

»Ich habe drei.« Der Spieler lachte. »Ich weiß nicht, warum sie mir so viele gegeben haben.«

Keinem konnte entgehen, dass mit dem Monopoly-Spiel etwas nicht stimmte. Keinem entging, dass es gezinkt war.

Es dauerte nicht einmal 15 Minuten, da veränderten die reicheren Spieler ihr Verhalten. Sie setzten ihren Stein viel geräuschvoller über das Spielbrett: klack, klack, klack. Sie begannen, sich raumgreifender zu bewegen, nahmen mehr Platz am Tisch in Anspruch und warfen die Arme hoch beim Jubeln. Sie fingen an, herablassend mit ihrem Gegenüber zu reden. »Bald geht dir das Geld aus«, sagte einer, nicht mitleidig, eher genüsslich.

Und dann war da noch die Schüssel mit kleinen Salzbrezeln, die die Forscher den Spielern neben das Brett gestellt hatten.

»Sind die Knabbereien eine Falle?«, fragte einer der reichen Spieler den ärmeren.

»Ich weiß es nicht.«

Schon griff der Reiche in die Schüssel, obwohl er womöglich ahnte, dass man ihn auf die Probe stellen will. Einmal, zweimal, immer wieder, viel häufiger als der arme Spieler.

»Ich liebe Brezeln.«

Der Erfolg verändert. Deutlich, bestimmt – und nicht zum Guten, wie Piff und seine Mitforschenden in verschiedenen Untersuchungen zeigten. Sie platzierten zum Beispiel einen Fußgänger an einem Zebrastreifen und protokollierten, welche Autos hielten und welche nicht: Je teurer ein Fahrzeug, desto seltener stoppte es. Sie beobachteten, welche Autos an einer Kreuzung anderen Autos die Vorfahrt nahmen – ebenfalls mit einem wenig schmeichelhaften Ergebnis für diejenigen, die hinter dem Steuer der hochpreisigen Wagen saßen. In einem anderen Experiment wiederum stellten sie ihre nichts ahnenden Probanden auf die Probe und ließen sie dafür auf dem Flur vor dem Labor warten, wo ein Glas mit Süßigkeiten aufgestellt war – explizit für Kinder, die angeblich an einer Studie in einem anderen Raum teilnahmen. Je höher der soziale Status der Wartenden, desto größer war ihre Neigung, den Kindern Süßigkeiten zu stehlen.[67]

Erfolg ist ein Charaktergift, und offenbar selbst dann, wenn er wie im Monopoly-Experiment erkennbar unverdient ist. Das Gift wird automatisch injiziert, man kann sich kaum wehren, und es wirkt schnell. Der Spieler, den die Forscher zufällig mit mehr Geld und mehr Würfeln ausgestattet hatten, führte sich schon nach ein paar Minuten auf wie ein Napoleon.

Michael Young hatte in seiner Utopie der Meritokratie vielleicht recht mit der düsteren Prognose, dass die Gewinner in einer perfekten Leistungsgesellschaft kalt und herablassend werden. Aber es gibt wenig Anlass für die Vermutung, dass sie es in einer makelhaften wie unserer nicht auch schon sind. Der Erfolg ist mächtig, er verändert so sehr, dass man bald blind wird für seine Fragwürdigkeit, egal wie sehr sie doch ins Auge stechen müsste.

SÜCHTIG NACH RÜCKENWIND

Judith Holofernes war in den frühen Zweitausenderjahren die gefeierte Frontfrau der Band *Wir sind Helden,* konnte aber als Solokünstlerin nie mehr an die frühen Erfolge anknüpfen. Die Entzugserscheinungen fielen offenbar heftig aus und anders als erwartet. »Ich habe anfangs nur an die Klassiker gedacht, die mit dem Ende des Erfolgs kommen«, sagte sie in einem Interview. »Du wirst plötzlich nicht mehr auf der Straße erkannt. Es öffnen sich nicht mehr automatisch alle Türen. Dass ich das gut verkraften würde, wusste ich.«

Im Prinzip kann man sich schon im Vorfeld eine Liste machen mit den Verlusten, die man als fallender Star eines Tages würde hinnehmen müssen. Dinge, an die man sich vorsichtshalber besser nicht zu sehr gewöhnt. Der rote Teppich: irgendwann eingerollt und neu ausgelegt für andere. Die Massen an jubelnden Fans vor der Bühne: weitergezogen. Das Blitzlichtgewitter: weg. Der Zugang zum VIP-Bereich: weg. Die Anfragen der Zeitungen: auch weg. Die Einladungen ins Fernsehen: alles weg. Der offensichtliche Glamour: absehbar verblasst. Man kann darauf gefasst sein.

Und trotzdem bezeichnet sich die eigentlich vorgewarnte Holofernes als Süchtige, nur dass die Abhängigkeit viel subtiler verlaufen sei, unbemerkter, schleichender. »Es waren andere Sachen, die mir plötzlich fehlten«, erzählte sie.[68] »Vor allem ein dauerhafter Rückenwind, den man gar nicht richtig wahrnimmt, während er noch da ist. Zum Beispiel, dass es jedes Mal Spaß macht, das E-Mail-Postfach zu öffnen, weil da immer etwas Erfreuliches drin ist. Oder dass alle Schnapsideen erst mal für unterstützenswert gehalten werden. Dieses Gefühl, dass alles mit einem magischen Hauch gesegnet ist, war mit dem Ende der ›Helden‹ plötzlich weg. Und das war schmerzhafter, als ich dachte.«

Sanft und leise setzt die Brise ein, es ist wohl wie beim Radfahren. Man tritt in die Pedale und könnte in der Rückschau nie den Augenblick benennen, von dem an das Treten bequemer wurde. Man könnte auch nie sagen, warum. Man kommt besser voran, leichter, schneller, und fragt nicht weiter nach den Schubkräften im Hintergrund. Man fühlt sich beflügelt, selbst in einem ganz physischen Sinne hat der Erfolg etwas Erhebendes.

Die Forschung will zum Beispiel herausgefunden haben, dass Menschen in machtvollen Positionen ihre eigene Körpergröße überschätzen.[69] Lässt man sie schwere Kisten heben, kommt ihnen deren Gewicht leicht vor, während ein Underdog bei der gleichen Last keuchen würde.[70] Sogar die Zeit scheinen sie anders wahrzunehmen: Sie meinen, so viel davon zu haben, dass jedes Faultier vor Neid erblassen würde. Ihr Leben rast nicht dahin, sie besitzen es, fast wie die Rolex, die noch so schnell ticken kann, aber dabei immer ihre bleibt.[71] Erfolg verleiht fast übernatürliche Kräfte, ohne dass wir unmittelbar davon Notiz nehmen, ohne dass wir danach fragen, woher sie kommen, ohne dass wir daran denken, dass diese Kräfte nicht ganz so selbstverständlich sind, nicht ganz natürlich, nicht ganz so sehr wir selbst, sondern vielleicht doch etwas Fremdes, Äußerliches.

Oft braucht es erst eine unsichtbare Anschubhilfe, damit wir überhaupt leistungsfähig sein können: damit wir gesehen und gefördert werden, uns Dinge zutrauen. Ein paar nette E-Mails im Postfach, jemanden, der jede Schnapsidee für unterstützenswert hält, ein paar Geldscheine extra beim Monopoly, Lehrerinnen, die einen aus unerfindlichen Gründen für begabt halten, bevor man es selber tut, einfach ein Grundgefühl, dass die Welt auf einen wartet, bevor man den Mut und die Kraft dazu findet, die Sache ernsthaft in Angriff zu nehmen. Im Nachhinein verfällt man der Idee, sich das Glück erarbeitet zu haben, dabei war es umgekehrt. Eine Böe von hinten hat die Türen bereits aufgestoßen, während man meint, sie einzurennen.

Die US-amerikanische Antirassismusaktivistin Peggy McIntosh hat in einem viel diskutierten Aufsatz versucht zu zeigen, wie man als weißer Mensch in einer weißen Mehrheitsgesellschaft von Vorteilen profitiert, die man selbst gar nicht als Vorteile empfindet.[72] Ist man weiß, spielt die Hautfarbe im Alltag keine Rolle, und gerade deswegen eben doch fast immer und überall. Die Leute schauen einem auf der Straße nicht hinterher, Kinder zeigen nicht mit dem Finger auf einen. Man kann in Ruhe zu einer Wohnungsbesichtigung gehen, ohne auf die Idee kommen zu müssen, der Vermieter könnte einen aus rein rassistischen Motiven aussortieren. Man kann in eine Polizeikontrolle geraten ohne die Sorge, dass die kleinste Nachfrage eine Eskalation provoziert. Man kann einen Job annehmen, ohne in Verdacht zu geraten, ihn nur deswegen bekommen zu haben, weil die Firma öffentlichkeitswirksam Minderheiten fördern möchte; man muss nicht bei jedem Gespräch mit einem neuen Kollegen mitbedenken, wie man sich nun verhält, damit das Gegenüber nicht argwöhnt, man verdanke seiner Position einer Quote. Man wird unbemerkt um lauter Nachteile herumgelenkt, deren Existenz man zum Teil nicht mal im Ansatz erahnen würde.

Mit dem Erfolg ist es vermutlich ähnlich. Er greift einem unter die Arme und führt einen so behutsam, dass man es kaum spürt. Und dann dauert es nicht lange und man hat den Moment bereits verpasst, in dem man die Bodenhaftung verliert – und die Dinge als selbstverständlich nimmt, nur weil sie sich wie selbstverständlich anfühlen. Man merkt nicht, wenn man dem Hochmut verfällt. Schon hält man nicht mehr am Zebrastreifen (sorry, spät dran!), nimmt anderen die Vorfahrt und Kindern die Süßigkeiten (noch nichts gefrühstückt, sorry!), und beim Monopoly-Spielen legt man eine so ausgewachsene Selbstgewissheit an den Tag, dass man fast eine eigene Postleitzahl für sie beanspruchen könnte, obwohl man schon kurz vorher wusste, dass man nicht das Recht dazu hat (sorry, was bitte?).

Es waren gerade einmal neun Minuten und 17 Sekunden vergangen, als in einer der Partien der reiche Spieler triumphierend erklärte: »Ich kaufe das ganze Brett auf.« Nach dem Ende des Monopoly-Experiments, berichtet der Sozialpsychologe Paul Piff, habe sein Team die Gewinner nach den Gründen für ihr gutes Abschneiden gefragt. Und sie konnten viele nennen, welche im Einzelnen, erläutert Piff zwar nicht, aber man kann sich förmlich vorstellen, was die Gewinner alles angeführt haben mögen: eine geschickte Akquisitionspolitik, den gezielten Kauf von Straßen gleicher Farbe, die frühe Aufnahme der oft unterschätzten Bahnhöfe ins Portfolio, ein kluges Investment in Häuser und Hotels. Nur einen Grund, berichtet Piff, schienen die siegreichen Spieler bald vergessen zu haben: ihr Anfangsglück einer privilegierten Startposition.

Meistens sind uns die Menschen sympathischer, die nicht alles dem Anfangsglück einer privilegierten Startposition zu verdanken haben, sondern die es aus eigener Kraft in der Gesellschaft nach oben schaffen. Natürlich weiß man auch bei einer sozialen Aufsteigerin nicht genau, ob ihre Karriere wirklich einzig auf harter Arbeit beruht oder nicht auf irgendwelchen Machenschaften. Aber anders als beim Millionenerbe kann man ohne näheres Vorwissen Leistungsgerechtigkeit zumindest erst einmal unterstellen. Irgendwie fühlt man sich der Aufsteigerin auch menschlich näher – und vermutet Gegenseitigkeit. Man glaubt, die Aufsteigerin wiederum werde sich all denen nah und verbunden fühlen, die zu ihr aufschauen.

Eine Meritokratie rühmt sich ihrer sozialen Mobilität und suggeriert, dass jede und jeder durch Talent und Fleiß etwas aus sich machen kann. Im ersten Moment erweckt sie damit den Eindruck, sie brächte eine besonders rücksichtsvolle Oberschicht hervor – eine aus Aufsteigern rekrutierte Elite, die aus ihrer eigenen Biografie weiß, wie es denen ergeht, die weiter unten sind.

Im Aufsteiger will man zu gern einen Botschafter sehen, der sich intensiv um die Pflege diplomatischer Beziehungen zwischen den Klassen der Gesellschaft widmet. Bei sieben Gängen und Weinbegleitung erzählt er der erlesenen Runde, in die er es geschafft hat, wie schwer es ist, in der Schule voranzukommen, wenn die Eltern kein Geld haben und bei den Hausaufgaben nicht helfen können, wie oft man ausgebremst wird, wenn man keinen deutsch klingenden Namen hat, dunklere Haut und schwarze Haare, wie viel davon abhängt, auf Leute zu treffen, die an einen glauben und die Mittel haben, einen zu unterstützen. Alles selbst erlebt.

Und die anderen Spitzen der Gesellschaft nicken und sagen voller Einsicht: Ach, wenn das so ist.

Ist man weiter unten geblieben, glaubt man, im Aufsteiger einen Repräsentanten der eigenen Sache zu haben, der bei denen weiter oben an der Tafel sitzt und alles dafür tut, damit auch andere Zugang zum besseren Leben bekommen. Ein Kämpfer für eine milde, menschlichere Gesellschaft.

Wenn man sich da mal nicht täuscht.

Einer US-amerikanischen Untersuchung zufolge zeigen gerade diejenigen, die erst im Laufe ihres Lebens zu Reichtum gelangten, besonders wenig Mitgefühl mit den Ärmeren. Sie lehnen Umverteilungspolitik stärker ab als diejenigen, die reich geboren worden sind.[73] Wer sich den Aufstieg erarbeitet, dem erscheint Erfolg nicht mehr wie etwas Zufälliges, sondern wie etwas Machbares. Warum sollte man an der Chancengleichheit zweifeln, wenn man sich selbst für das beste Beispiel halten kann, dass alle Chancen da sind?

Als Alexis de Tocqueville seinerzeit durch die Vereinigten Staaten reiste, wunderte er sich über den harten und distanzierten Umgang der Amerikanerinnen und Amerikaner mit ihren Hausbediensteten. In Frankreich schienen die adeligen Herren oft eine Art von väterlicher Fürsorge ihren Untergebenen gegenüber zu empfinden. Den Diener sahen sie als eine Art niederen Teil ihrer selbst, er gehörte zur Familie und war entsprechend zu behandeln: streng, aber mit Güte. In den Häusern der USA dagegen, so Tocqueville, »herrscht ein geheimer und innerer Krieg zwischen Mächten, die einander stets rivalisieren und misstrauen: der Herr ist bösartig und schwach, der Knecht bösartig und widerspenstig«.[74]

Wo sich eine Gesellschaft der Idee der Gleichheit verpflichtet fühlt, ist der Diener jemand, der jederzeit selbst Herr werden könnte, in manchen Fällen heimlich danach strebt, und außerhalb eines theoretisch umdrehbaren Dienstvertrages als Bürger seinem Herrn formell gleichgestellt ist. Offenbar führt das aber nicht notwendigerweise zu einer besonders respektvollen Beziehung unter Gleichen, sondern dazu, dass der Herr auf den Diener herabblickt, weil der Diener es nicht geschafft hat, und gleichzeitig besonders hart über ihn herrscht aus Angst, dass der Diener es doch einmal schaffen könnte.[75] Die Abgrenzungsbemühungen fallen umso erbitterter aus, wenn der soziale Aufstieg im Prinzip allen offensteht. Man fühlt sich für nichts mehr verantwortlich als für den eigenen Weg nach oben. Ist man dort erst einmal angekommen, gibt es nur noch eine Mission: die aufstrebende Konkurrenz stets so weit auf Abstand zu halten, dass sie einem auf keinen Fall das Wasser reichen kann. Und wenn nicht durch Härte, dann vielleicht durch Demut.

SO DANKBAR, IMMER SCHON GEWESEN

Als Billie Eilish im März 2021 auf die Bühne gerufen wurde, um den Grammy entgegenzunehmen, blieb sie auf fast schon zu zurückhaltende Weise auf dem Teppich. »Das ist mir wirklich peinlich«, sagte sie, schaute ein bisschen verlegen auf diesen goldenen Plattenspieler, die Trophäe, die der Ex-Beatle Ringo Starr ihr eben in die Hand gedrückt hatte, und guckte dann halb schuldbewusst hinunter ins Publikum zu einer der ebenfalls nominierten Künstlerinnen. »Ich wollte eine Rede darüber schreiben, wie sehr du das hier verdienst«, begann sie. »Aber dann dachte ich: keine Chance, dass die mich auswählen.« Sie würden ja eindeutig die andere wählen. Aber na ja, dann wurde eben der Umschlag geöffnet, und stattdessen fiel Billie Eilishs Name, die dann nur völlig unvorbereitet stammeln konnte, dass sie den Preis doch gar nicht verdiene.[76]

Was verdient man schon. Hätte nicht ein Zufall, bestehend aus dem Lob eines Bloggers, gepaart mit dem unergründlichen Empfehlungsalgorithmus einer Streamingplattform und zusätzlicher nicht weiter rückverfolgbarer Faktoren, Billie Eilish sechs Jahre zuvor weltberühmt gemacht, dann hätte sie den Abend vielleicht schön im Schutze der Anonymität zu Hause verbracht, die Grammys im Fernsehen verfolgt und einer anderen Gewinnerin dabei zugeschaut, wie sie von der Bühne herab stammelt, dass sie all das nicht verdiene. Und wahrscheinlich hätte auch das gestimmt.

Gestählter Hochmut scheint nicht mehr zeitgemäß zu sein, was nicht heißt, dass es ihn nicht weiterhin gäbe. Nur empfiehlt es sich in manchen Momenten, den eigenen Erfolg nicht ganz so breitbeinig zur Schau zu stellen, wie man es sich unter den Vorzeichen idealer und nachvollziehbarer Leistungsgerechtigkeit erlauben könnte. Nicht nur bei Dankesreden, aber bei Dankesreden fiele die kalte Selbstgefälligkeit wohl besonders unangenehm auf. Wann hat man schon einmal jemanden den Grammy mit den Worten entgegennehmen sehen: Ich möchte der Jury dazu gratulieren, dass sie endlich den Richtigen auszeichnet.

Ohne der grundsympathischen Billie Eilish einen fiesen Hintergedanken unterstellen zu wollen: Aber natürlich kann der betonte Verzicht auf protzendes Gewinnergebaren eine Masche sein. Und selbst wenn er aufrichtig gemeint ist, kann er sich als nützliche Inszenierungsstrategie erweisen. Man muss es nicht gleich verteufeln, wenn Leute Demut zeigen, aber es schadet nicht, den kleinen Warnhinweis mitzubedenken.

Von Zeit zu Zeit jedenfalls vernimmt man vom aufgeklärten Erfolgsmenschen der Gegenwart das vorauseilende Eingeständnis, er sei sich der Tatsache durchaus bewusst, dass seine Errungenschaften nur aus einer privilegierten Lage heraus möglich waren. Da war die Lehrerin in der fünften Klasse, die an einen geglaubt hatte, obwohl man doch ein Arbeiterkind war. Da waren Eltern, die einem den Rücken freigehalten haben. Man hatte Glück, es gab Hilfe, es hätte auch ganz anders kommen können, und jetzt verzichtet man darauf, zumindest öffentlich, jener verführerischen Autosuggestion zu erliegen, mit der sich die Monopoly-Gewinner über das gezinkte Spiel hinwegtäuschen konnten. Und indem man so reflektiert ist, erweist man sich wiederum als besonders erfolgswürdig. Selbst wenn alles nur Glück war, hier ist es in guten Händen. Man entschuldigt sich halb, um es dann auch wieder nicht zu müssen.

Auf die Umstände zu verweisen, signalisiert auch, dass eine Unterscheidung möglich ist: Das ist noch mein Verdienst – und das nicht mehr. Ich kann nichts für den Erfolg, aber ich habe das Beste daraus gemacht. Und das Publikum, ergriffen von dieser scheinbar selbstlosen Geste, wird direkt blind für den ganzen Rest und verschont den Erfolgsmenschen von allen inquisitorischen Nachfragen. Aha, da war also Glück im Spiel? Wo denn genau? Welche Privilegien waren es, von denen du profitiert hast? Wie hießen die Förderer, was waren die Startvorteile, die du erwähnt hast? Und was ist jetzt eigentlich deine Eigenleistung? Reicht die wirklich aus, um deine Position zu rechtfertigen?

Das wären dann die Fragen – die nicht gestellt werden, weil da jemand von sich aus Abbitte geleistet hat. Er hätte sich ja auch überheblich auf die Brust trommeln können. Und so flirrend und unklar alles ist, besteht theoretisch weiterhin die Möglichkeit, dass da jemand doch hinter all dem Understatement ein Leistungsvermögen bewiesen hat, das man sich lieber nicht im Detail darlegen lassen möchte. Passt schon.

Der Erfolgsmensch gewinnt einen Vertrauensvorschuss, wenn er zeigen kann, dass er sich seiner Privilegien bewusst ist, und gar nicht erst behauptet, er habe den erreichten Status ausschließlich eigener Anstrengung zu verdanken. Man ergreift die Flucht nach vorn. Man zeigt Reue, ohne letztlich einen Preis zahlen zu müssen. Allein durch die latente Selbstanklage verwandelt man das nicht näher spezifizierte Unverdiente dann doch wieder in etwas, das zumindest moralisch verdient erscheint. Das Eingeständnis, dass nicht alles Glück selbst geschmiedet ist, ist wie ein Haftungsausschluss: Für den fremdgeschmiedeten Rest kann man nichts – aber man nimmt ihn immerhin hin mit der größtmöglichen Dankbarkeit und darf ihn dafür behalten.

Am besten ist man immer schon dankbar gewesen. Auch vorher.

Ein regelrechter Kult hat sich um eine dankbare Lebenseinstellung entwickelt, Karriereratgeber berichten von Studienergebnissen, die eine erfolgsfördernde Wirkung der Dankbarkeit nahelegen, sie senke das Risiko für Herzinfarkte, verhindere Schlafstörungen, mache stressresistenter. Dankbarkeit sei so etwas wie der heimliche Rückenwindverschaffer, wenn eigentlich Flaute herrscht.[77]

Oprah Winfrey, US-Talkmasterin, weltweit beachtete Abnehmerin spektakulärer Promibeichten und schwerreiche Lebenshilfe-Ikone, empfiehlt als Erfolgsrezept, ein Dankbarkeitstagebuch zu führen – eine Maßnahme, die bei ihr selbst wunderbar angeschlagen hat: Ein ganzes Jahrzehnt lang, berichtete Winfrey einmal, habe sie jeden Tag fünf Dinge notiert, für die sie dankbar war. Aber dann füllte sich, vielleicht ja wegen des durch lauter Dankbarkeit herbeigefächelten Rückenwindes, der Terminkalender, ihr Vermögen wurde größer, das Ritual seltener, bis es eines Tages – Winfrey war gerade dabei, einen eigenen TV-Kanal zu gründen – so schien, als sei der sonst so verlässliche Rückenwind in den Streik getreten. »Kürzlich, beim Aufbau eines Fernsehnetzes, konzentrierte ich mich so sehr auf die Schwierigkeit des Aufstiegs, dass ich aus den Augen verlor, dankbar dafür zu sein, dass ich überhaupt einen Berg zu besteigen hatte.« Winfrey erinnerte sich an ihr altes Abendritual, und siehe: »Erst als ich begann, Dankbarkeit für die Möglichkeit zu empfinden, einem neuen Publikum auf neue Weise zu dienen, trat eine Veränderung ein.«[78] Oder, noch mal auf den Punkt gebracht, als Aphorismus zum Mitnehmen ans Millionenpublikum: »Sei dankbar für das, was du hast, und du wirst am Ende mehr haben.«[79]

Amen.

Allen, die verzweifelt nach Erfolg suchen, wird die Dankbarkeit auf fast zynische Weise wie ein Zauberspruch empfohlen. Damit es überhaupt eines Tages besser werden kann, muss man zunächst einmal klaglos anerkennen, dass man es ja schlechter hätte treffen können. Man ist vielleicht arbeitslos, das Konto ist leer, die Freunde sind weg, aber immerhin lebt man nicht auf der Straße: halleluja! Man soll sich Erkenntlichkeit als vorsorgliche Geisteshaltung zulegen. Danke für nichts.

Sehr viel leichter fällt die Dankbarkeit, auch die geheuchelte, wenn der Erfolg schon da ist. Sie schirmt ihn ab vor Neid und Missgunst, die es zwar weiterhin gibt, die man dann aber nicht ganz so sehr zu spüren bekommt: Wer fragt schon, wenn man die Einwände selbst vorwegnimmt? Stellt man in den sozialen Medien das eigene glänzende Leben aus, die luxuriösen Urlaube samt Infinitypool und schönem Hotel, die Designermöbel in geräumigen Wohnungen zu horrenden Quadratmeterpreisen, die Besuche in angesagten Sternerestaurants, versieht man die Statusmeldungen gern mit dem Hinweis, man fühle sich gesegnet für alles, was einem Gutes widerfährt – am besten noch mit einem Emoji betender Hände.

Im eigentlichen Sinne verdient hat man das natürlich nicht, aber kann es ohne Gewissensbisse annehmen, indem man demonstrativ gerade nicht behauptet, es verdient zu haben. Die Spuren des Erfolgs werden verwischt, man stellt ihn als irgendwie mysteriös und unerklärlich hin, bevor auch nur irgendwer auf die Idee kommt, einen Versuch der Aufklärung zu unternehmen. Man dankt, aber unklar bleibt, wem man eigentlich dankt. Dem Leben, der Welt, dem Universum? Wie ein schlechtes Deo verflüchtigt sich die Erkenntlichkeit im großen Ungefähren, die Geste hat keinen Adressaten, der sie aufnimmt. Niemanden, der sagt: Bitte sehr, gern geschehen.

Damit haben auch alle Übrigen niemanden, den sie dafür in die Verantwortungen nehmen könnten, dass ihnen keine spektakulären Wohltaten beschert wurden, für die sie umherdanken könnten. Sie hören nur, sie sollten trotzdem unbedingt diesen zweiten Schritt vor dem ersten tun, damit sie dann doch noch in den Genuss kommen. Aber eigentlich zeigen sich das Leben, die Welt, das Universum nicht zwangsläufig beeindruckt, wenn man versuchte, sich ihre Gunst erdanken zu wollen, anders als die Lehrerin, der Professor, die Chefin, die man immerhin zur Rede stellen könnte, wenn trotz vieler Arbeit nichts zurückkommt. Leistung impliziert die Idee einer Gegenleistung. Dankbarkeit dagegen ist dem Leistungsprinzip fremd, schrieb einmal der Soziologe Georg Simmel, weil ihr Wesen »nicht darin besteht, dass die Gabe erwidert wird, sondern in dem Bewusstsein, dass man sie nicht erwidern könne«.[80]

Das nicht erarbeitete Glück verwandelt sich dadurch von einem potenziellen Unrecht in eine Gnade, die einem zuteilwird. Ohne Erklärung, ohne Rechtfertigung. Und warum sollte man auch fragen, wenn keine Antwort zu erwarten ist. Man gibt sich bescheiden, aber adelt den eigenen Erfolg zur wundersamen Fügung.

Dankbarkeit ist eine Art Schicksalsergebenheit der Glücklichen, der Fatalismus für diejenigen, die immer schon hoffen durften.

Dem Erfolg verleiht sie ein Charisma, das ihn unanfechtbar macht: Sie bläst alles eifrige Bemühen, das ihm anhaften könnte, ab von ihm wie Staub. Die Dankbarkeit legt den Fokus nicht auf das, was man tut, sondern auf das, was man ist – sie führt den Erfolg auf tiefere Eigenschaften statt oberflächliche Anstrengungen zurück. Insofern ist es zum Beispiel auffällig, dass Oprah Winfrey bekannte, sie sei unendlich dankbar für ihr Durchhaltevermögen – und nicht etwa für die vielen Stunden, die sie durchgehalten hat und im Büro saß, um ihren Fernsehsender aufzubauen. Wer bloß fleißig ist, muss sich ja nicht erkenntlich zeigen. Die Dankbarkeit betont eine Fügung, die ein Talent zur Entfaltung bringt. So hat man dann all das Unverdiente demütig eingestanden und den Erfolg am Ende doch vollkommen verdient.

DIE RECHNUNG, BITTE

In vielen Variationen wird da ein Tanz aufgeführt, um den Erfolg strategisch herunterzuspielen, demütig zu beschönigen oder dankbar zu rechtfertigen. Die Dringlichkeit dieser Beschwörungen weist auf eine spezielle Form des magischen Denkens hin: Wir unterstellen, dass der Erfolg eine Kehrseite hat, die es unbedingt in Schach zu halten gilt. Dass mit ihm, wenn er unverdient ist, wie zum Ausgleich auch ein Unglück kommen kann. Wir glauben, dass der Erfolg durch Entbehrungen und menschliche Deformationen erkauft sein könnte, sodass man ihn besser vorauseilend als Zufallsprodukt hinstellt, für das man so viel dann auch wieder nicht kann. Der Erfolg ist einem nicht geheuer, weshalb man vorsorglich mit Dankbarkeit und demonstrativer Bescheidenheit eine Art Exorzismus betreibt. Irgendwo steckt doch ein Pferdefuß. Der Gewinnertyp braucht eine Form von sozialem Voodoo, um dem Fluch zu entgehen.

Und auch all diejenigen, die das Nachsehen haben, halten sich fast instinktiv an eine solche Trostformel. Mit heimlicher Befriedigung nimmt man die Forschung zur Kenntnis, die den Erfolgreichen, wenn ihnen schon sonst schwer etwas vorzuwerfen ist, ungünstige Charakterzüge nachweist. Ihr habt Geld, Häuser, Autos, aber ihr haltet nicht am Zebrastreifen, ihr stehlt Kindern die Süßigkeiten, ihr betrügt beim Monopoly-Spiel. Ihr seid auch nicht besser als der fiese Frank Underwood in *House of Cards*.

So auf diejenigen zu blicken, die es gut getroffen haben, verschafft einem zwar ein Gefühl von moralischer Überlegenheit, wirft aber gleichzeitig die Frage auf, warum man sich dann trotzdem nach Erfolg sehnt. Warum nehmen wir das Risiko in Kauf, uns in ein Scheusal zu verwandeln, das nicht am Zebrastreifen hält, Kindern die Süßigkeiten stiehlt und beim Monopoly-Spiel betrügt?

Wahrscheinlich erwarten wir im eigenen Erfolgsfall einfach eine Art Immunität gegen das süße Gift: Tausend anderen passiert's, aber ich werde schon nicht vergessen, woher ich kam. Ich werde mir das Gespür für den Rückenwind, den man ja eigentlich nie spürt, aktiv bewahren. Ich bin gerüstet. Ich werde dankbar und demütig sein und nie nur so tun.

So denkt man sich das also – bevor man Erfolg hat.

Den Erfolgreichen unterstellt man, während man ihnen nacheifert, ein stilles Leiden an ihrer Lage. So eine schöne Fassade – aber dahinter ist bestimmt alles ganz morsch. Vielleicht unterstellt man mit besonderer Genugtuung denjenigen ein gewaltiges

Maß an verborgenem Schmerz, die besonders hochmütig und herablassend geworden sind. Aber in irgendeiner Form unterstellt man es eigentlich allen, selbst den einigermaßen netten Gewinnertypen.

Bücher und Filme sind voll mit den Geschichten erfolgreicher Menschen, die ihr Päckchen zu tragen haben. Jay Gatsby aus dem berühmten Roman von F. Scott Fitzgerald hat es zu Millionen und einer riesigen Villa auf Long Island gebracht, in der er den Sommer über mit der feinen New Yorker Gesellschaft rauschende Feste feiert. Aber auch der Reichtum bringt ihm Daisy, seine verflossene große Liebe, nicht zurück. Der Zeitungsmagnat in Orson Welles' Film *Citizen Kane* hat alles erreicht, was man erreichen kann, und trauert doch auf dem Sterbebett untröstlich der verlorenen Kindheit nach. Der viel beschäftigten Managerin unterstellt man einen baldigen Burn-out, dem aufstrebenden Politiker zu wenig Zeit für die Familie, der berühmten Schauspielerin insgeheimes pathologisches Lampenfieber, dem gefeierten Rockstar ein Drogenproblem und dem bewunderten Genie generell Wahnsinn gleich welcher Form, und auch dafür finden sich ja Beispiele zuhauf: der Maler Vincent van Gogh, der sich mit dem Rasiermesser ein Ohr abschnitt, der Dichter Friedrich Hölderlin, der einen Großteil seines Lebens geistig umnachtet in einem Turmzimmer in Tübingen verbrachte, der Wirtschaftsnobelpreisträger John Nash, der lange Zeit an Wahnvorstellungen litt. Sigmund Freud widmete sich in einem Aufsatz über die Patientinnen und Patienten in der Psychoanalyse auch speziell jenen eigentümlichen Gestalten, »die am Erfolg scheitern«.[81]

Nur ist das Scheitern am Erfolg eben nicht unbedingt die Regel. Einen Fluch zu unterstellen, scheint eine Entlastungsreaktion des Publikums zu sein, die oft nicht durch ein reales Leidensphänomen gedeckt ist. Beruflich erfolgreiche Personen haben weniger gesundheitliche oder psychische Beschwerden und sind insgesamt zufriedener mit ihrem Leben und ihren Familienbeziehungen als weniger erfolgreiche, wie Forscherinnen und Forscher aus den USA ermittelt haben.[82] Man behauptet gern, Geld mache nicht glücklich. Die Studienlage sagt dagegen: macht es sehr wohl.[83] Vielleicht sind manche Überflieger unangenehm und überheblich, halten nicht am Zebrastreifen, stehlen Kindern die Süßigkeiten und betrügen beim Monopoly-Spiel. Aber das heißt ja noch lange nicht, dass sie auch selbst darunter leiden würden. Ihnen kann es trotzdem ganz hervorragend gehen.

Aus irgendeinem Grund fällt es uns allerdings schwer, diesen Gedanken an uns heranzulassen. Kann denn das sein? Darf das sein? Gibt es nicht doch irgendeine Statistik, die zeigt, dass sich unverdienter Erfolg rächt? Dass jemandem einfach so das Glück in den Schoß fällt, er sich nicht mal als besonders erkenntlich erweist und trotzdem unbeschwert sein Leben genießt – das ist dann doch eine äußerst provokante Vorstellung, die man nicht so ohne Weiteres akzeptieren will. So ist die Welt nicht, oder?

Wir denken also: Vielleicht lässt die Rechnung manchmal etwas auf sich warten, kann schon sein, aber sie wird schon kommen, früher oder später. Und kommt sie später, dann mit fetten Verzugszinsen.

Es ist wie ein psychologischer Schnappmechanismus: Je mehr die Wirklichkeit mit ihren realen Beispielen vollkommen unverdienten und völlig undankbar eingestrichenen Erfolgs unsere Fantasie strapaziert, desto heftiger springen wir in die Idee zurück, es werde schon irgendein Preis dafür fällig.

5

ALLES VERDIENT

R. HOE & Co N.Y.

WARUM ES SO SCHWERFÄLLT, AN ERFOLG ZU GLAUBEN, FÜR DEN MAN NICHTS KANN

Was Melvin Lerner als junger Hochschuldozent erlebte, muss ihn so erschüttert haben, dass er sein Forscherdasein fortan ganz einem Anliegen widmen sollte: aufzuräumen mit der »fundamentalen Täuschung« unseres Lebens, wie er sie nannte. Diesem großen Irrglauben, aus dem wir so schwer herausfinden, selbst wenn wir ihn als Irrglauben erkennen.

Lerner unterrichtete angehende Medizinerinnen und Mediziner, junge Menschen mit der Aussicht auf ein gut situiertes Leben, und wenn Lerner ihnen in seinen Kursen eine Sache mit auf den Weg geben wollte, dann diese: ein Gefühl für die unverschuldeten Nöte auf der anderen Seite der Gesellschaft. All die Statistiken, die es so eindrücklich zeigen: Wer kaum Geld zum Leben hat, wird häufiger krank, ernährt sich ungesünder, bekommt seltener die ärztliche Behandlung, die er braucht, stirbt früher. Wer zu einem Arzt in die Praxis kommt, der sucht vielleicht nicht deswegen Hilfe, weil er etwas falsch gemacht hätte. Er ist vielleicht einfach nur arm.

Lerner präsentierte in seinen Kursen die entsprechenden Daten und Zahlen. Aber nicht die allein: Am besten könne man es wohl verstehen, erzählte er den Studierenden, wenn man sich einmal die Kohlearbeiter hier aus der Gegend anschaue, die ihre Jobs verloren, als die Minen dichtmachten: Dieses Beispiel hielt Lerner offenbar für sein Ass im Ärmel, das ultimative Beweisstück, so einleuchtend und überzeugend, weil alle Studierenden im Seminarraum damit etwas anzufangen wussten, die Kohlekumpel waren Lerners Kronzeugen von nebenan. Armut macht krank, und arm wird man manchmal, ohne etwas dafür zu können. Jeden kann es treffen.

Doch dann passierte, womit Lerner wohl nicht gerechnet hatte: Die Studierenden begannen, seine Schlussfolgerung anzuzweifeln. Und zwar durchaus rabiat. Als hätte ihnen da jemand weismachen wollen, dass die Erde eine Scheibe ist: Verschaukeln können wir uns alleine.

Früher oder später, so blickt Lerner auf die Zeit zurück,[84] meldete sich in jedem Kurs jemand, der Einwände erhob. Da erklärte dann zum Beispiel ein junger Student, er kenne diese Leute ja noch gut von früher, er sei selbst mit denen aufgewachsen und wisse, was das für Typen sind. Und was für ein Unsinn! In Wahrheit sei es nämlich so: Die Leute lebten aus freien Stücken in ihrem Elend. Wer Arbeit will, finde welche. Man müsse sich nur mal anschauen, was die mit ihrer Sozialhilfe machen: versaufen das ganze Geld. Selbst schuld.

Die Botschaft wollte einfach nicht ankommen, unzustellbar zurück zum Absender. Und Lerner stand offenbar verdattert da und versuchte, die Botschaft noch mal anders zu verpacken.

In einem der nächsten Kurse daher ausführlicher: Die Bergleute in der Gegend, erklärte Lerner den Studierenden, haben ihre Arbeit vor allem deswegen verloren, weil die Nachfrage nach Kohle nach dem Zweiten Weltkrieg zurückgegangen war, ihre Gewerkschaften an Verhandlungsmacht gegenüber den Unternehmen einbüßten und Arbeiter immer leichter und billiger durch Maschinen ersetzt werden konnten. Wie hätte der einzelne Bergmann mit seiner Familie sich gegen das stemmen sollen, was man Strukturwandel nennt?

Und dabei gab es durchaus viele Bergleute, die ihrer misslichen Lage zu entkommen versuchten. Die sich nicht einfach mit der Situation abfinden, sondern das Beste aus ihr machen wollten. Viele der ehemaligen Kohlearbeiter zogen in die Städte, um dort Arbeit zu suchen. Aber wer einen Job fand, verlor ihn auch schnell wieder. Für die neuen Tätigkeiten waren die Kohlekumpel nicht ausgebildet, und als Migranten aus dem Süden der USA standen sie ganz unten in der Hackordnung der Arbeiterstädte im Norden. Dort waren sie die, die als Erstes entlassen und am meisten dafür verachtet wurden.

Man kann sich ausmalen, wie es im Seminarraum gewesen sein muss, nachdem Lerner seine Schilderungen beendet hatte: Die Studierenden schwiegen erst einmal, aber so wie es Lerner im Rückblick beschreibt, schwiegen sie allenfalls einen winzigen Moment länger als beim Mal davor – um dann mit den gleichen Einwänden zu kommen.

Früher oder vielleicht auch ein kleines bisschen später meldete sich ein Student und setzte an zur Gegenrede: Er kenne diese Leute ja gut …

Für einen jungen, idealistischen Dozenten muss es eine Situation zum Haareraufen gewesen sein: Womit hatte er das nur verdient? Hatten irgendwelche höheren Mächte die gestörtesten Sadisten des Landes zielgerichtet in Lerners Seminarraum gelenkt? Waren die Studierenden, die ihm hier gegenübersaßen, besonders dogmatisch, unempfänglich für jede Information, die ihrem festgefügten Bild der Welt widersprach? Hatten sie vielleicht einen ausgeprägt autoritären Charakter? Irgendeinen Wesenszug, der sie roh und uneinsichtig machte? Lerner muss wohl wirklich baff gewesen sein von der Unerreichbarkeit seiner Studierenden, so lesen sich seine Erinnerungen, denn er begann damit, in seinen Kursen Persönlichkeitstests zu verteilen. Stimmt vielleicht etwas nicht mit den Kursteilnehmern? Die Tests ergaben keinerlei Auffälligkeiten. Da saßen normale, intelligente und humorvolle junge Leute und viele von ihnen waren ausgesprochen sozial engagiert. Keine Unmenschen, die bei jeder sich bietenden Gelegenheit laut auf das Recht des Stärkeren pochen würden.

Und dennoch.

Warum wollten sie auf Biegen und Brechen, dass die Bergleute selbst schuld an der Armut sind, wenn die Anzeichen auf der Hand lagen, dass der Strukturwandel die Arbeiter um ihre Stellen gebracht hatte? Die Studierenden waren lernwillige junge Menschen mit einem wachen Blick für die Welt. Was war das für eine fundamentale Täuschung, über die selbst sie sich nicht hinweghelfen lassen wollten?

In den Sechzigerjahren begann Melvin Lerner mit einer Reihe von Experimenten, um genauer zu ergründen, weshalb wir so oft dazu neigen, Menschen persönlich für ihr Los verantwortlich zu machen – auch wenn sie es offenkundig nicht sind. Bei einem der ersten Versuche spielte Lerner Studentinnen an der University of Kentucky eine Tonbandaufnahme vor. Darauf war zu hören, wie zwei junge Männer in Teamarbeit eine Aufgabe zu lösen hatten. Einer nannte sich Tom, der andere Bill. Man hörte einen Versuchsleiter, der Tom und Bill darauf hinwies, dass leider nur einer von beiden Geld für die Teilnahme bekommen könne, das Forschungsbudget gebe leider nicht mehr her. Damit es fair zugeht, soll das Los entscheiden. Dann machten sich Tom und Bill an die Übung: Sie sollten gemeinsam Anagramme bilden, vorgegebene Wörter und Silben also so umstellen, dass möglichst viele neue Wörter entstehen.

Etwa 15 Minuten konnten die Studentinnen den Überlegungen der beiden folgen. Als das Band zu Ende war, sagte Lerner den Studentinnen, wer angeblich das Geld zugelost bekommen hatte – und fragte sie, welcher der beiden sich ihrer Meinung nach bei der Aufgabe besser angestellt hatte. Tom? Oder Bill?

Die Studentinnen, die davon ausgingen, dass Tom das Geld bekommen hatte, hielten Tom für denjenigen, der mehr zur Lösung der Aufgabe beigetragen hatte. Die Studentinnen, die glaubten, Bill sei die Bezahlung zugesprochen worden, sahen den größeren Leistungsträger von beiden in Bill. Die Versuchsteilnehmerinnen schlossen aus der Belohnung, dass der Belohnte sie wohl auch verdient haben müsse – obwohl explizit darauf hingewiesen wurde, dass das Geld ausgelost wurde. Die Stimme des Versuchsleiters auf dem Band hatte es klar gesagt: Die Bezahlung richtet sich überhaupt nicht danach, wie sich Tom und Bill in der Übung schlagen.[85]

Die Worte mussten die Studentinnen gehört haben, doch fehlte ihnen wohl der Glaube daran: In was für einer Welt leben wir denn? Ein Geschenk, einfach so? Womöglich sogar noch für schlechte Mitarbeit?

In einem anderen Experiment spielte Lerner seinen Probanden, ebenfalls durch die Bank Psychologiestudentinnen aus einem Einführungskurs, das Video einer angeblichen Gedächtnisübung vor. Es zeigte eine Frau, die seltsame Silben auswendig lernen sollte – und dabei immer wieder mit Elektroschocks traktiert wurde. Die Schocks waren nicht echt, aber wirkten wie echt, die Frau, eigentlich Sekretärin an der Universität, erwies sich als exzellente Schauspielerin. Die Zuschauerinnen ahnten nicht, dass das schmerzverzerrte Gesicht nur Maskerade war, und dass Psychologen in der Forschung mit Elektroschocks arbeiteten, war damals zwar schon umstritten, aber nicht ungewöhnlich.

Als die Studentinnen das Video sahen, empfanden viele von ihnen zunächst Mitleid, einige äußerten auch Ärger darüber, wie die Frau behandelt wurde. Aber als Lerner dann genauer nachfragte, zeigten sich kleine dunkle Schatten auf all der Anteilnahme: Man müsse der Teilnehmerin einer Lernübung nicht gleich mit Elektroschocks kommen, aber sie hätte schon auch ein bisschen besser mitarbeiten können. Irgendwie habe sie sich etwas dumm angestellt beim Silbenlernen, und bei aller Abscheu für so ein brutales Experiment, aber ein bisschen habe sie sich die Stromschläge dann doch selbst zuzuschreiben.[86]

Schande über diesen sadistischen Übungsaufseher mit dem Elektroschocker.

Aber Schande schon auch ein bisschen über die Frau, die ja durchaus das Ihre hätte beitragen können, um der üblen Behandlung zu entgehen. In unserem Kopf ist offenbar kein Platz für das zu hundert Prozent unschuldige Opfer.

Tief in uns verankert, folgerte Lerner, steckt nämlich ein Glaube daran, dass es in der Welt gerecht zugeht. Eine feste, kaum zu erschütternde Erwartung, dass ein jeder bekommt, was er verdient. Wir gehen davon aus, dass im Leben unterm Strich fair gespielt wird – und an dieser Vorstellung hängen wir so sehr, dass wir im Zweifel sogar bereit sind, erbarmungslos über die zu urteilen, denen es schlecht ergeht. Wir können kaltblütige Richter sein, weil wir das Gesetz einfach über alles stellen.

In der Regel urteilen wir natürlich nicht gleich so gnadenlos wie die Probanden in Lerners Experimenten. Meistens kommt der Glaube an die Gerechtigkeit der Welt anscheinend wohlwollender daher. Wir sehen arme Menschen, an deren Schicksal wir nichts ändern können, und reden uns ein, sie seien ja zumindest glücklicher und machten sich nicht diese übertriebenen Sorgen um Besitz und Status, die uns Tag für Tag plagen: so wenig in der Tasche, aber dafür immer ein Lächeln im Gesicht! Und auch die Idee, dass Reiche einen Preis für ihren Reichtum zahlen, dass ihr Erfolg mit gestörten Familienverhältnissen oder Einsamkeit erkauft ist und das viele Geld sie auch nicht zufriedener mache (was eben nicht unbedingt stimmt), dürfte eine weitere Spielart dieser tiefen Überzeugung sein.

Fragt man die Menschen direkt, ob man einer Person die Schuld dafür geben sollte, wenn sie ohne eigenes Zutun in Not gerät, würden die meisten wohl vehement protestieren: Eine zynische Idee! Wir halten die Vorstellung für falsch, die unschuldigen Opfer seien zu allem Unglück auch noch selbst für ihre Lage verantwortlich zu machen – jedenfalls so generell und abstrakt gesprochen. Und trotzdem scheinen wir im Zweifel ziemlich bereitwillig Schwächere abzuwerten, nur damit uns die Welt wieder im Lot erscheint. Mit seinen Experimenten schuf Lerner Extremsituationen, in denen unsere Gerechtigkeitserwartung so sehr herausgefordert wird, dass sie auf besonders perfide Art zutage tritt. Das *Victim Blaming,* das Lerner bei seinen Probanden beobachten konnte, ist keine kalte Gleichgültigkeit gegenüber dem Unglück anderer Leute, sondern im Gegenteil: eine besonders paradoxe Folge der Idee, dass es in der Welt gerecht zugehen sollte.

Sie zeigt sich vor allem dann, wenn wir keine milderen Mittel zur Verfügung haben, um die Verhältnisse anderweitig geradezurücken, in der Wirklichkeit oder auch nur in unserem Kopf. Wenn wir nicht aktiv helfen, nicht wegsehen, uns nicht mit irgendeiner Deutung blenden können, mit der die Unglücklichen als glücklich zu verklären wären. Wenn wirklich gar nichts anderes übrig bleibt, fällen wir dann, als Notlösung sozusagen, Urteile, die zwar harsch und unbarmherzig sind, aber zumindest dem ungeschriebenen Gesetz entsprechen, von dem wir unbedingt wollen, dass die Welt nach ihm funktioniert. Der Glaube, am Ende bekomme jeder, was er verdient, ist so unerschütterlich, dass sich kaum dagegen ankommen lässt. Eine Illusion wie ein Schaumstoffball: Sosehr wir sie auch kneten und bearbeiten wollen, sie springt sofort in ihre alte Form zurück.

EIN URALTER KINDERGLAUBE

Die Illusion einer gerechten Welt ist vermutlich so alt wie die Menschheit. Beispiele führt schon die Bibel auf, und das vielleicht eindrücklichste ist die Geschichte von Hiob, dem großen Unglücksvogel des Alten Testaments, der auf keinen Fall den Gedanken akzeptieren kann, dass das ihm widerfahrene Pech nichts weiter ist als eben das: reines Pech. Unverschuldet.

Hiob ist der biblische Musterschüler, ein wohlhabender Mann aus dem Land Uz und Vater von zehn Kindern, immerzu fromm, immerzu rechtschaffen. Für was sollte der Herr im Himmel einen so vorbildlichen Menschen bestrafen? Dummerweise macht gerade Hiobs Güte ihn zum idealen Gegenstand einer Wette, zu der sich Gott in einem Augenblick der Schwäche vom Teufel hat hinreißen lassen. Die beiden beschließen, Hiobs Glaubensfestigkeit auf die Probe zu stellen, indem sie ihn ins Unglück stürzen. Würde Hiob am Ende Gott verfluchen, weil er erkennen muss, dass die Welt nun mal schlecht und ungerecht ist? Darauf setzt der Teufel. Oder bleibt er fromm und rechtschaffen, obwohl die Frömmigkeit und Rechtschaffenheit ihn ganz offenkundig nicht vor dem Unglück bewahrt hat? Darauf setzt Gott.

Hand drauf, abgemacht.

Hiob verliert von einem Tag auf den anderen den gesamten Besitz, die Kinder sterben, er selbst leidet bald furchtbar unter Schmerzen und Krankheit. Und warum das alles? Für das plötzliche Unglück findet Hiob keine Erklärung, es gibt keinen Anhaltspunkt, was zu der Strafe geführt haben könnte, und auf den Gedanken, dass da zwei im Himmel zu ihrem persönlichen Amüsement einfach mit seinem Schicksal spielen, wäre er im Leben nicht gekommen. Stattdessen fordern die Freunde Hiob dazu auf, noch einmal minutiös seine potenziellen Verfehlungen durchzugehen. Da muss doch etwas sein, irgendeine dumme Sache, womit er Gottes gerechten Zorn auf sich gezogen hat. Ihm fällt nichts ein? Soll er doch bitte von vorn nachdenken, ob er nicht irgendetwas übersehen haben könnte. Und dann: Reue, Reue und nochmals Reue.

Obwohl ihm bei all dem Nachdenken keine rechte Begründung für sein Unglück in den Sinn kommen will, verflucht Hiob seinen Gott nicht. Stimmt schon, da wird irgendwas sein. Er wird sein schweres Los schon verdient haben, auch wenn er beim besten Willen nicht erkennt, womit. Er bleibt bei seinem Glauben.

Der Clou an der Geschichte ist gar nicht mal, wie beharrlich Hiob sich der Einsicht versperrt, ohne eigenes Verschulden in Not geraten zu sein – sondern dass der Plot zwischen den Zeilen nahelegt, die Ungerechtigkeit, die Hiob erleiden muss, sei in Wahrheit die große Ausnahme im Lauf der Welt. Ein kleiner Defekt in einem ansonsten sauber surrenden Programm. Denn zur Wette kam es ja nur, weil Gott sich kurz mal nicht im Griff hatte, sie ist ein explizit geschaffener dramaturgischer Sonderfall zur Überprüfung des Status quo, ein Stresstest, nur um mal zu gucken, ob der Grundmodus bei den Menschenkindern da unten hinreichend bekannt ist: In der Welt geht es gerecht zu – weil es ja den lieben Gott gibt. Warum sollte man sonst an ihn glauben?

Für seine unfreiwillige Teilnahme am teuflischen Experiment und die darin bewiesene Verweigerung der eigentlich sich aufdrängenden Erkenntnis wird Hiob anschließend, wie es sich in einer gerechten Welt gehört, reichlich belohnt.

Und wir glauben natürlich bis heute, dass ein jeder bekommt, was er verdient, allen Versuchen zum Trotz, uns eines Besseren zu belehren.

Anfang des 20. Jahrhunderts hat der Soziologe Max Weber in der berühmten Studie *Die protestantische Ethik und der Geist des Kapitalismus* herausgearbeitet, wie sich die moderne Erfolgsfixierung als zufälliges Nebenprodukt der von Martin Luther angestoßenen Reformation ergeben hatte – als Ergebnis einer religiösen Verunsicherung unter den Calvinisten und den Angehörigen anderer reformierter Sekten.

Die neue Lehre besagte, Gott habe den Einzelnen von Anbeginn an erwählt oder zur ewigen Verdammnis verurteilt. Himmel oder Hölle, alles längst entschieden, jeder Widerstand zwecklos. Unser Schicksal ist vorherbestimmt, noch ehe wir geboren werden und damit überhaupt in die Lage kommen, etwas daran ändern zu können. In dieser Spielart des Christentums führt sich der Allmächtige also nicht nur an schlechten Tagen auf wie ein unberechenbarer Despot, den der Teufel zum Zocken verleitet hat. Er beträgt sich immer und überall so. Er macht, was er will, und lässt sich nicht bestechen, weder durch gute Taten noch durch fromme Gebete. Wir sind ihm ausgeliefert. Wir landen am Ende im Paradies oder schmoren im Fegefeuer und haben unser Leben lang nicht den geringsten Einfluss darauf, wohin es nach dem Tod mit uns geht. Das Urteil ist bereits letztinstanzlich gefällt, noch ehe die Beweisaufnahme beginnen kann, und die Revision selbstverständlich von vornherein ausgeschlossen.

Nur lebt es sich leider sehr schlecht mit der Ungewissheit. Die Frage, die sich für die frommen Reformierten stellte, lautete: Wie erfährt man denn nun, ob man erwählt ist oder nicht?

Die Hände mögen einem offiziell zwar gebunden sein, aber immerhin nennt die neue Lehre ein paar Indizien, auf die man achten kann, um Rückschlüsse darauf zu ziehen, wie Gott es wohl mit einem meinen könnte. Als ein Indiz gilt dabei der irdische Erfolg. Wer erwählt ist, den belohnt der Herr schon auf Erden. Also begannen die Reformierten fieberhaft, ihren Alltag auf Gnadenhinweise abzuklopfen – die sie unter der Hand selbst fabrizierten. Sie strebten nach Aufstieg und Wohlstand. Und obwohl die neue Theologie doch eigentlich lehrte, dass alle Mühe vergeblich ist und nichts an der Lage ändert, legten die Gläubigen einen ausgesprochenen Ehrgeiz an den Tag, um auf diese Art die beruhigenden Hinweise irgendwie in ihr Leben geschmuggelt zu bekommen.

Die Erlösung kann man sich nach der Vorstellung der Reformatoren nicht erarbeiten, und die Anhänger der protestantischen Sekten hätten bei dieser Botschaft naheliegenderweise dem Fatalismus verfallen müssen. Aber offenbar war die Unsicherheit derart schwer zu ertragen, dass die Gläubigen eine fast verbissene Betriebsamkeit entwickelten, arbeiteten, werkten, leisteten, um sich den ersehnten Wink des Himmels eigenhändig zu erschaffen.

Ironischerweise widerspricht die protestantische Ethik im Ergebnis damit ihrer ursprünglichen Absicht, worauf auch der Moralphilosoph Michael Sandel hinweist: »Luthers strenge Gnadenlehre war entschieden anti-meritokratisch«, schreibt er. »Und doch führte die von ihm in Gang gesetzte protestantische Revolution zu der leidenschaftlich meritokratischen Arbeitsethik, welche die Puritaner und ihre Nachfolger nach Amerika bringen sollten.«[87] Die Menschen schüttelten die Lehre einfach wieder so zurecht, dass sie sich in den Glauben einer gerechten Welt einfügt.

Schon früh entwickeln Kinder eine naive Gerechtigkeitsvorstellung. Sie gehen davon aus, dass Missetaten unmittelbar und automatisch geahndet werden: Alle Sünden bestraft der liebe Gott sofort. Der Schweizer Entwicklungspsychologe Jean Piaget hat diese kindliche Vorstellung als immanente Gerechtigkeit bezeichnet: Was gerecht ist, ergibt sich unverzüglich und mit der Zuverlässigkeit eines Naturgesetzes. Physikalische Gesetzmäßigkeiten und moralische Regeln sind in unserem frühen Weltbild noch eins. So wie der Apfel nach unten fällt und nie nach oben, ziehen gute Taten notwendigerweise ihre Belohnung nach sich. Und dass Vergehen geahndet werden, ist so sicher wie der Sonnenuntergang am Abend.

Mit der Zeit stellt sich heraus, dass zwar auf jeden Tag ausnahmslos die Nacht folgt und der Apfel praktisch nie dabei zu beobachten ist, wie er nach oben fällt, aber für die schlechten Taten gibt es offenbar nicht immer sofort die Quittung. Manchmal lässt sie absurd lange auf sich warten. Manchmal bleibt sie seltsamerweise ganz aus.

Beim ersten Mal stolpert das Nachbarsmädchen, als es mit den gestohlenen Süßigkeiten davonrennt, zur Strafe über den Bordstein und schürft sich das Knie auf, aber bei der nächsten Boshaftigkeit stellt sich ihr der Bordstein nicht in den Weg und lässt das Unrecht einfach laufen. Man beobachtet konsterniert, dass nach dem Blitz zwar stets der Donner kommt, dass sich aber nicht immer, wenn es nötig ist, der Himmel öffnet und ein Schlag der Gerechtigkeit herausfährt. Die Physik folgt exakt ihren allgemeinen Gesetzen, aber für alles Moralische gilt offenbar eine sehr spezielle Relativitätstheorie.

Am Anfang hat man noch große Angst, wenn im Dezember der Nikolaus zu Besuch kommt, streng schaut, das goldene Buch aufschlägt und vorträgt, was man im zurückliegenden Jahr Gutes getan und Böses ausgefressen hatte und ob es unterm Strich noch für ein Geschenk reicht oder schon ein Tadel nötig ist. Man weiß: Diesem Protokoll entgeht nichts, absolut gar nichts. Und so zittert man Jahr für Jahr aufs Neue – bis man eines Tages mit kurzem Aufatmen und dann mit umso heftigerem Erstaunen feststellt, dass dieser groß angelegte Süßigkeitendiebstahl in der Nachbarschaft, den man wie durch ein Wunder ohne Sturz und aufgeschürfte Knie bewältigt hat und das ganze Jahr über erfolgreich vor Mutter und Vater verbergen konnte, dem Nikolaus wohl irgendwie in der Schlussbilanz durchgerutscht ist.

Und nun?

Allem Anschein nach entspricht die Welt nicht der kindlichen Vorstellung, wonach eine Verfehlung augenblicklich im Universum einen Mechanismus in Gang setzt, an dessen Ende die gebührende Strafe ergeht. Und mit der Zeit sollte man ja klüger werden als das Kind, das man gewesen ist.

Doch während man die Figuren der kindlichen Märchenwelt in der Mottenkiste verstaut, den Nikolaus zum Sandmann und Osterhasen, wird man den Glauben an die gerechte Welt nicht richtig los. Er zeigt sich vielleicht nicht mehr als trotzige naive Anspruchshaltung, nicht als etwas, das unbedingt und immer erfüllt sein muss. Er wird eher zu einer Hintergrundtrotzigkeit, zu einem vorbewussten Weltgefühl, das Forscherinnen und Forscher erst mit geschickten Experimenten aus ihren Probanden herauskitzeln müssen. Wir entsorgen die Vorstellung einer automatisch laufenden Ausgleichsmaschinerie, aber bewahren das technische Grundgerüst, ein bisschen erweitert um Puffer hier und Spielräume da, sodass es auch in einer struppigen Wirklichkeit sicher funktioniert. Wir machen uns den Glauben an die gerechte Welt geschmeidiger, damit er sich besser an die unbeständigen Umstände des Lebens anpassen kann. Eine Erwartung lässt sich leichter beibehalten, wenn sie ein bisschen biegsam bleibt.

Jeder bekommt, was er verdient – vielleicht nicht immer auf den Cent genau, aber so ungefähr, vielleicht nicht sofort, aber auf lange Sicht, vielleicht nicht hier und heute, aber irgendwo und irgendwann. Mit einem entsprechend dehnbaren Konzept lassen sich praktisch alle Wechselfälle des Lebens als Belohnungen oder Strafen deuten und einsortieren – und irgendwo wird sich fast immer die geeignete Handlung oder Eigenart finden lassen, die man nachträglich zur Verdienstgrundlage erklären kann.

Die Palette dessen, was wir mitunter zur Rechtfertigung heranziehen, ist dabei erstaunlich breit. Warum passiert einem Menschen etwas? Vielleicht war jemand einfach sehr attraktiv oder eben nicht attraktiv genug. Den Tod einer jungen Frau empfinden Versuchspersonen in Experimenten als tragischer und unfairer, wenn sie erfahren, dass es sich bei der Toten um eine ausgesprochen hübsche Frau handelte.[88] Oder vielleicht war jemand einfach durch und durch sympathisch oder eben nicht sympathisch genug. Einem unbekannten Lottogewinner, von dem es heißt, er habe immer gelächelt, im Restaurant großzügig Trinkgeld gegeben und sich nie über das Essen beschwert, unterstellen Studienteilnehmer eine größere Preissumme als einem Gewinner, der sich wie ein Ekel aufgeführt haben soll.[89] Man kann sich sein Los selbstverständlich durch gute Taten verdienen, auch wenn die in keinerlei Zusammenhang stehen mit dem, was einem widerfährt: Ein Autounfall wird als bedauerlicher und fieser angesehen, wenn das Opfer den Versuchspersonen im Experiment als engagierter ehrenamtlicher Schwimmlehrer geschildert wird statt als verurteilter Dieb.[90] Alles muss ganz dringend verdient sein: durch Attraktivität, Nettigkeit, am besten natürlich durch Leistung.

Aber warum? Eine richtige Erklärung haben Psychologinnen und Psychologen bisher nicht gefunden, aber sie haben eine Vermutung: Das Vertrauen auf eine höhere Gerechtigkeit der Welt erfüllt wahrscheinlich unser Bedürfnis nach Planungssicherheit. Wir wollen davon ausgehen, dass die Dinge nach bestimmten erkennbaren Prinzipien verlaufen. Dass die Welt einigermaßen stabil und kalkulierbar ist. Menschen scannen ihre Umgebung regelrecht nach Mustern ab und erkennen sie selbst da, wo keine sind. Wissenschaft und Verschwörungsglaube haben beide ihren Ursprung in diesem Bedürfnis, Regelmäßigkeiten in der Welt zu finden, mal findet man echte, mal nur zusammengereimten Quatsch, aber zumindest meint man zu wissen, woran man ist: Alles geschieht aus einem Grund. Offenbar brauchen wir auch moralische Planungssicherheit: Wir hoffen, dass uns in unserem Bemühen nicht übel mitgespielt wird und sich unsere Anstrengungen auszahlen. Also gehen wir von der Annahme aus, dass diese Regel für alle gilt, wie in einer Art umgekehrtem kategorischen Imperativ: Wir unterstellen, dass wir hier das Prinzip eines allgemeinen Gesetzes des Lebens vor uns sehen, damit wir zugleich eine Maxime haben, nach der wir selbst handeln können.

Und Leistung als Kriterium verspricht da ein Kontrollgefühl, das viele andere herbeizitierte Verlegenheitslegitimationen wie Attraktivität nicht bieten können: Leisten können wir alle, leisten kann man immer, Leistung steht jedem offen. Ist man nicht talentiert genug, krempelt man die Ärmel hoch. Und wird belohnt. Muss ja.

UNGLEICH, UNGLEICHER, UNSICHTBAR

Die Meritokratie ist ein verblüffend erdbebensicheres Gedankengebäude. Man könnte zum Beispiel annehmen, dass sie in den Ländern einen schweren Stand hat, in denen die Ungleichheit sehr groß ist. In Wahrheit hält sich der Glaube an die Leistungsgerechtigkeit gerade unter diesen Umständen aber umso unerschütterlicher: Wo Einkommen und Vermögen so stark auseinanderklaffen, dass man Mühe hat, die Abstände auf Leistungsunterschiede zurückzuführen, sind meritokratische Überzeugungen besonders verbreitet. In den meisten westlichen Ländern ist der Gegensatz zwischen Arm und Reich in den vergangenen Jahrzehnten größer geworden – und ironischerweise auch die Überzeugung, dass sich Talent und Fleiß bezahlt machen würden.[91]

Im Jahr 1987 entfielen auf das reichste Prozent der Menschen in Deutschland 10 Prozent des gesamten Einkommens im Land.

Im Jahr 2009 waren es bereits 13 Prozent. Ein Anteil, der sich in der Größe etwa bis heute hält.[92]

Im Jahr 1987 antworteten die Befragten in Deutschland auf die Frage, wie wichtig harte Arbeit für das Vorankommen im Leben ist, auf einer Skala von 0 bis 100 im Schnitt mit einem Wert von 59,9 Punkten.

Im Jahr 2009 lag der Wert bei 71,7 Punkten.[93]

Die Ungleichheit wird größer, und wie fällt die Reaktion aus? Ist irgendwo Empörung zu vernehmen? Irgendwo Ärger? Resignation? Vereinzelt vielleicht und eher abstrakt, aber ansonsten bekennen sich die Menschen offenbar zu dem, womit man in der Lage am wenigsten rechnen würde: zur Idee, dass ein jeder es schaffen kann, der es nur will. Die Meritokratie kommt daher wie ein vorgelagerter Bauplan für die Gestaltung einer fairen Gesellschaft, aber ist in Wahrheit eher eine nachlaufende Rechtfertigung bestehender Verhältnisse – die man in ihrer ganzen Wucht vielleicht auch gar nicht mehr so genau erfasst.

An eine leistungsgerechte Welt lässt sich umso leichter glauben, je verborgener das wahre Ausmaß der Ungleichheit ist. Es ist paradox, aber wir nehmen die sozialen Gegensätze mitunter tatsächlich weniger wahr, je größer sie werden: Die Extreme rücken aus dem Blickfeld, man erkennt die fernen Enden nur noch schemenhaft und verschwommen am Horizont, da drüben der Reichtum, von dem man sagt, er soll unfassbar sein, aber man muss die Augen zusammenkneifen, um etwas erkennen zu können, vielleicht eine Jacht (oder ist es doch nur ein größeres Auto), ein Haus mit kleinem Wintergarten (viel bescheidener als erwartet), von Weitem sieht es zumindest nicht viel anders aus als der Wintergarten, den wir uns im vorigen Jahr auf dem Balkon für den Oleander gebaut haben, und auf der anderen Seite blass und diesig ein Plattenbau, ohne Balkone, aber man erkennt es so schlecht: vielleicht auch mit. Und Schüsseln für Satellitenfernsehen, dafür reicht's offenbar.

Daten weisen darauf hin, dass wir uns ein notorisch falsches Bild vom Ausmaß der Ungleichheit in der Gesellschaft machen: Wir unterschätzen die Armut, vor allem aber den Reichtum. Wir halten uns für gleicher, als wir sind, und die Kluft zwischen Wahrnehmung und Realität wird eher größer als kleiner.[94]

Je reicher die Reichen werden, desto stärker entrücken sie in der Regel der Mehrheitsgesellschaft. Man beginnt aufzusteigen, erhält den ersten gut bezahlten Job und kündigt die Wohnung im bunten Szenekiez mit den besprayten Hauseingängen, sucht etwas Größeres im bürgerlichen Viertel, Altbau, Wohnküche, Flügeltür, dann ein besser bezahlter Job und eine günstig gezogene Aktienoption, man beauftragt einen Makler mit der Suche nach einer kleinen Villa im Vorort, bringt Alarmanlagen am Zaun an und bestellt einen Wachdienst fürs Tor, die Nachbarn geben einen Tipp für ein angesehenes Internat, da hätten sie mit ihrer Ältesten gute Erfahrungen gemacht, und der Urlaub ist schon lange nicht mehr all-inclusive, man hat ein Ferienhaus in Ligurien, hin fliegt man erster Klasse oder gleich im Privatjet, den sich die Armen niemals leisten könnten, genauso wenig wie die Villa im Vorort oder die Schulgebühren für ein Internat, aus dem bunten Viertel zogen sie bereits weg, als die Mieten stiegen und es zum Szenekiez wurde, jetzt kauft man beim Discounter, schickt den Nachwuchs auf die Gemeinschaftsschule, auf die alle aus der Hochhaussiedlung ihre Kinder schicken, und der Urlaub führt allenfalls mit dem 49-Euro-Ticket auf einen Campingplatz an die Ostsee, All-inclusive im Ferienclub würde bereits das Budget sprengen.

Die sozialen Kreise trennen sich. Die Beispiele für das ganz andere Leben laufen einem seltener über den Weg. Menschen mit nur schwer vorstellbarem Reichtum und Erfolg sind weit weggerückt, genauso wie die sich plagenden Erfolglosen – und umso ungestörter durch Gegenbeweise scheint die Idee der Meritokratie im alltäglichen Nahbereich zu funktionieren. Die Gesellschaft kann uns gleicher und gerechter vorkommen, je ungleicher und erstarrter sie in Wahrheit ist.

Das Kind einer alleinerziehenden Supermarktkassiererin, das es in der Hochhaussiedlung aufs Gymnasium schafft, mit Bravour als erster Spross der Familie das Abitur besteht, Betriebswirtschaft an der Fachhochschule studiert und einen sicheren Job im Controlling eines örtlichen Mittelständlers findet, wird mit der Aufstiegsbiografie wahrscheinlich der perfekte Beleg für die Gültigkeit der Meritokratie sein – zumindest im Radius der Hochhaussiedlung, aus der es kommt.

Der Millionenerbe ist längst in ganz anderen Gefilden unterwegs, er segelt fern auf seiner Jacht, und auf dem Sonnendeck glaubt vermutlich auch er, er habe sich sein Leben durchaus verdient, vielleicht sogar erarbeitet. Er hat das Vermögen klug und vorausschauend angelegt, er hätte es auch verschleudern können. Es gibt genug Geschichten, wie der Reichtum verrinnt, wenn er in den falschen Händen ist. Man muss etwas dafür tun, dass er bleibt.

Beiden kann die Welt als vollkommen gerecht erscheinen – weil sie nicht mehr in die Verlegenheit kommen, sich miteinander vergleichen zu müssen.

Wo man mit abgeblendetem Fernlicht auf Sicht fährt, und das tut man im Alltag ja meistens, funktioniert das Leistungsprinzip allem Anschein nach passabel. Wohin man schaut, gilt über den Daumen gepeilt und solange man nicht zu weit umherschaut: Einsatz erzeugt Ergebnis, meistens, Mühen zahlen sich aus, grob, und die Relationen zwischen Aufwand und Ertrag erscheinen plausibel, einigermaßen. Das reicht schon. Leistung muss nicht automatisch zum Erfolg führen, aber sie tut es im Nahbereich mit einer Wahrscheinlichkeit, die groß genug ist, damit man an der Erwartung optimistisch festhalten kann. Die anekdotische Evidenz aus dem unmittelbaren Bewegungsradius stützt sie hinreichend.

Wenn es darauf ankommt, scheuen wir zwar kaum die Mühe, eine irgendwie nicht ins Bild passende Situation ohne Rücksicht auf Verluste umzudeuten, sogar die Opfer zu verhöhnen, nur damit wir weiter an eine Welt glauben können, in der es gerecht zugeht. Aber das sind Grenzfälle. Meistens kann man den Glauben mit viel weniger Aufwand vor der unangenehmen Konfrontation mit der Wirklichkeit abschirmen: Man geht einfach nicht hin. Man meidet die Randzonen, die nicht zur Vorstellung von der Welt als meritokratischem Puppenhaus passen wollen. Findet den obszönen Reichtum allenfalls im Vorbeifahren obszön und vergisst sofort wieder, was man hinter den hohen Hecken eh nicht wirklich zu sehen bekam. Macht einen großen Bogen um die armen Stadtviertel. Schaltet schnell um, sobald im Fernsehen Hunger, Elend und Schlechtigkeit dokumentiert werden.

Eine lebenspraktische Modifikation des Gerechtigkeitsglaubens, schreibt Melvin Lerner, besteht darin, von einer abgestuften Welt auszugehen: Es gibt die Welt direkt um uns herum, für die die Vorgabe relativ streng gilt. Unsere Welt. Und dann gibt es noch die völlig andere Welt, die im Zweifel auch nach etwas anderen Regeln funktionieren darf, eine Welt, in der von uns grundverschiedene Menschen leben, sodass man auch mal ein Auge zudrücken kann, wenn dort unfaire Dinge geschehen.[95]

Wir schränken den Gerechtigkeitsglauben ein auf »Leute wie uns«, damit wir ihn in einer offensichtlich ungerechten Welt nicht aufgeben müssen. Auf lange Sicht und im Großen und Ganzen ist die Welt gerecht – außer vielleicht für die, die anders sind als wir selbst. Was sogleich die Frage latent aufwirft: Was genau ist so anders an den anderen, und wie sicher sind wir uns überhaupt, nicht eines Tages selbst zu ihnen zu gehören?

Die gelegentlichen Blicke über den Tellerrand bleiben zu flüchtig, als dass sie uns Anlass gäben, daheim Geschirr an die Wand zu werfen. Und zu viel empörtes Gepolter wäre sowieso riskant, gerade in der Mittelschicht.

Natürlich könnte man mal ganz offen fragen, warum mancher Person an der Spitze eines Unternehmens so unfassbar viel Geld überwiesen wird.

Ein durchschnittliches Vorstandsmitglied eines Dax-Konzerns bekam 2022 mehr als 38-mal so viel Gehalt wie ein durchschnittlicher Unternehmensmitarbeiter oder eine durchschnittliche Unternehmensmitarbeiterin.[96]

Welche Leistung rechtfertigt es, ein Jahresgehalt einzustreichen, das die allermeisten anderen nicht mal über ein ganzes Arbeitsleben hinweg zusammenbekommen?[97] Kann das, was beide tun, wirklich so unterschiedlich viel wert sein?

Aber die Leistungskritik könnte wie ein Bumerang zurückkommen. Man liefe Gefahr, dass mit dem gleichen Argument die eigene Position in Zweifel gezogen wird.

Ein durchschnittlicher Vollzeitbeschäftigter verdiente in Deutschland im Jahr 2022 monatlich 4105 Euro brutto.

Wer nur eine Arbeit zum Mindestlohn fand, kam mit 2080 Euro gerade einmal auf die Hälfte davon.[98]

Warum sollte man ausgerechnet mit einem relativ komfortablen Bürojob so viel mehr verdienen als die Reinigungskraft die viel früher am Morgen aufsteht und noch vor Sonnenaufgang mit ihrer Kolonne über die ansonsten menschenleeren Flure zieht, die Papierkörbe leert, im Pausenraum die achtlos stehen gelassenen Kaffeebecher wegräumt, das manchmal ziemlich eklige Klo schrubbt und sich die Hände mit ätzenden Chemikalien rissig macht. Gerade mal die Hälfte des Durchschnittslohns. Gibt es dafür eine Begründung?

Sosehr einen im Stillen die Gehaltsexzesse da oben aufregen – schlimmer wäre es, die weiter unten würden einen eines Tages zu sich herunterrufen. Besser verkneift man sich den Ärger.

Man hat ja ohnehin genug auf dem Zettel.

Ein oft übersehener und tückischer Aspekt des modernen Ehrgeizes liegt gerade darin, die hehren Ziele immerzu planvoll in die abzuarbeitenden Einzeletappen zerlegen zu müssen, sodass man durchgängig mit dem Management und der Teilverwirklichung der eigenen Ambitionen beschäftigt ist. Man hat die Zwischenprüfung vor Augen, die anstehende Evaluation, das wichtige Projektmeeting, den nächsten Karriereschritt, und der Abschluss der einen Etappe ist ohne langes Verschnaufen schon der Beginn der folgenden. Man ist auf Sicht unterwegs.

Da sind die Kapazitäten begrenzt für ausschweifende Gedanken über die philosophische Frage, wie ungerecht diese Mühen des Alltags eigentlich sind verglichen mit dem leichten Erfolg, den die Soundcloud-Popstars, Privatiers mit Aktienvermögen, Lottomillionäre und Protegés einflussreicher Gönner mal so im Vorbeigehen einstreichen.

Man ist so sehr mit seiner ständigen Statusarbeit beschäftigt, dass man sogar den Leistungskritiker, der die Managerboni anprangert und mit dem man vielleicht sympathisiert, direkt in Verdacht hat, er habe womöglich zu viel Tagesfreizeit und hänge Flausen nach. Man hält ihn insgeheim für einen Minderleister, auch wenn man dieses unangenehme Outplacementmanagementfachvokabular nie benutzen würde, auf jeden Fall erscheint es suspekt, wie viel Energie da jemand in den Auftritt als Revoluzzer gegen das Leistungsprinzip steckt, mit der er doch auch etwas ganz Vernünftiges auf die Beine stellen könnte.[99]

So viel hat man zu tun, dass man gar nicht zum Resümieren kommt, was dann auch vor der bitteren Einsicht schützt, dass all die Mühen vielleicht doch vergebens sind – oder zumindest in keinem angemessenen Verhältnis zu dem stehen, was zurückkommt.

Man müsste die Projekte kurz anhalten, das Hamsterrad einen Moment verlassen, einen Schritt zurücktreten, um zu erkennen: Es hat sich alles nicht gelohnt. Man würde schonungslos Bilanz ziehen und feststellen, dass die Welt die in sie gesetzte Erwartung nicht erfüllt und den fest einkalkulierten Return nicht erbracht hat und man mit dem ganzen Investment seines Lebens ein dickes Minus einfährt.

Man könnte sagen, möglicherweise ist man ein kleines bisschen gescheitert, man müsste es bei Gelegenheit einmal genauer analysieren und im Detail bewerten. Aber nein, ehrlicherweise müsste man es nicht, man könnte sich all das direkt sparen, der Aufwand wäre gar nicht nötig, man hätte unumwunden und geradeheraus und völlig ungeschönt zu bekennen: Man ist gescheitert.

Und dann hätte man ein Problem. Man würde schreien, kreischen, weinen, heulen, schluchzen, eine ganze Taschentücherindustrie am Leben halten, aber sein eigenes Dasein nur noch verabscheuen, man schlägt mit den Fäusten gegen die Wand, will den Kopf in den Sand stecken, aber die Reise an den Strand ist schon nicht mehr drin, man zieht die Decke über die Ohren, öffnet die Türen nicht, lässt das Telefon klingeln. Man hätte allen Grund zur Verzweiflung.

Und außerdem, wie die nimmermüden Apologeten des Erfolgskultes sagen würden, eine fantastische Chance.

6

ACHTSAM SCHEITERN

WARUM ES HEUTE SO HART IST, DIE NIEDERLAGE ZU VERKRAFTEN

Sie wird wissen, wie sich Vergeblichkeit anfühlt. Sie dürfte wissen, was es heißt, wieder einmal voller Hoffnung ein kleines Segelbötchen in Richtung Zukunft zu schicken, ausgerüstet mit dem Besten, was man zu bieten hat, Schiff ahoi, meinen Lebenslauf finden Sie anbei. Und jedes Mal werden bloß Trümmer zurückgespült. Bewerbung, Absage. Bewerbung, Absage. Bewerbung, Absage. Melanie Stefan erleidet Schiffbruch in Serie, als sie an der Uni in Cambridge gerade ihre Promotion in Biologie beendet und nach einem Stipendium für eine Anschlussstelle sucht. Raue See und kein rettender Hafen in Sicht, nirgends.

Einmal erhält sie ihre Absage am selben Tag wie Ronaldinho seine, damals einer der größten Fußballstars der Welt. Vielen Dank für Ihre Bewerbung, leider müssen wir Ihnen mitteilen … Ronaldinho hat zur Kenntnis zu nehmen, dass die brasilianische Nationalmannschaft ohne ihn zur WM fahren würde, danke auch, und Melanie Stefan erfährt, dass ein weiterer Adressat in ihrer enthusiastischen Selbstanpreisung offenbar vor allem Frischfutter für den Altpapiercontainer sieht, aber gerne doch.

Der Fußballstar scheitert und die Welt guckt zu. Die Nachwuchsakademikerin scheitert und niemand darf es wissen.

Melanie Stefan beschreibt diese Koinzidenz später in einem kleinen Artikel für das Fachblatt *Nature* als Augen öffnend dafür, wie wir in unserer Gesellschaft mit Misserfolg umgehen.[100] Anders als beim Profisportler, der seine Schmach vor aller Augen ertragen muss, werden fast überall sonst die Niederlagen sorgsam kaschiert. Auch Jungforscherin Stefan hielt es so. Ihr offizieller Lebenslauf, schreibt sie, liest sich wie eine stete Abfolge von Triumphen: Studium mit Bravour absolviert, Promotion gemeistert, diverse Veröffentlichungen. Und wo sie auch hinschaut: Überall werden bei der Werbung in eigener Sache die Erfolge groß ins Schaufenster gestellt und die Niederlagen unter den Teppich gekehrt, nichts lugt hervor, was im säuberlich arrangierten und blitzblank geputzten Leben auf die Existenz von Pleiten, Pech und Pannen schließen ließe.

Dabei muss es sie geben, reihenweise sogar, wenn man der Statistik oder nur dem Hörensagen traut: Mal angenommen, nur eine von sieben Bewerbungen um ein Stipendium hat Erfolg. Dann müsste die durchschnittliche junge Forscherin auf Stellensuche sechs von sieben Stunden für die Tonne arbeiten. All das stille Leiden dürfte die laute Freude um ein Vielfaches ausstechen, aber es bleibt verborgen, wie bei einem Eisberg. Man sieht oben nur die Jubelpostings, die durch die sozialen Medien treiben, wenn überglückliche Menschen verkünden, dass sie jetzt irgendwo für eine »spannende neue Herausforderung« angestellt worden sind und ein »Traum in Erfüllung« geht.

Ach ja, wie schön. Und welche sind dafür geplatzt? Bitte einmal der Reihe nach aufzählen.

»Ein Fußballspieler kann seine Rückschläge nicht verbergen«, schreibt Stefan in ihrem *Nature*-Beitrag. »Alles ist offenkundig – jede Nichtberücksichtigung für ein großes Turnier, jede

Verletzung, jeder verschossene Elfmeter ist offenkundig.« Eine schreckliche Vorstellung, eigentlich, so gedemütigt vor der Welt dazustehen, aber Stefan überlegt, ob das nicht vielleicht »eine gute Sache« ist, etwas, das sogar eine freundlichere Kultur des Scheiterns ermöglicht: »Es zeigt aufstrebenden jungen Spielern, was es bedeutet, ein Fußballer zu sein. Es hilft ihnen, mit ihren eigenen Rückschlägen umzugehen.«

Und so inspiriert Ronaldinho die Nachwuchsforscherin zu einem Vorschlag, der eine Welle auslöst unter jungen Akademikerinnen und Akademikern, aber auch in Kreisen jenseits der Universität: Es brauche einen »CV der Fehlschläge«, regt Melanie Stefan in ihrem Aufsatz an. Eine Biografie der ungelebten Erfolge. Zu jedem perfekt komponierten Lebenslauf sollte es die B-Seite geben mit allem, was eher schief klingt. »Notieren Sie jede erfolglose Bewerbung, jeden abgelehnten Zuschussantrag und jede abgelehnte Arbeit. Halten Sie sich nicht stundenlang damit auf, sondern führen Sie einfach eine laufende, aktuelle Liste. Wenn Sie es wagen – und es sich leisten können –, machen Sie es öffentlich.«

Nicht nur hinfallen und aufstehen sollen wir also, sondern auch hinfallen – und dazu stehen. Und am besten, ist man geneigt hinzuzufügen, schreibt man das alles noch froh in sein Dankbarkeitstagebuch.

Seither finden sich überall Bekenntnisse zum Scheitern. An den Hochschulen und Forschungsinstituten und darüber hinaus in anderen Sparten und Branchen stellen Menschen tabellarisch ihre Niederlagen aus, heben den Teppich und kehren die Scherben für die Auslage zusammen, präsentieren neben der offiziellen Vita des Gelingens fein säuberlich alles, was zu Bruch ging. Eine Ingenieurin schreibt in einem Karrierenetzwerk, sie sei in der 11. Klasse fast sitzen geblieben, weil sie zu oft geschwänzt hatte, nach 15 Semestern Studium habe sie eine Promotion angefangen, aber bald wieder abgebrochen, »weil ich keinen Bock auf den Stress hatte und mir meine Lebenszeit zu wertvoll ist«.[101] Ein Assistenzprofessor aus Kalifornien listet über 40 Forschungspreise auf – die er nicht bekommen hat.[102] Ein Althistoriker zählt in seinem Lebenslauf des Scheiterns vier Universitäten auf, bei denen er sich vergeblich um eine Professur bewarb, und als größten nicht vollzogenen Karriereschritt seine Wahl zum Universitätsrektor, der das entscheidende Gremium der Hochschule die Zustimmung verweigerte.[103] Der CV der Fehlschläge, den ein deutscher Ökonom ins Netz stellte, als er gerade an der amerikanischen Elite-Uni Princeton eine Professur innehatte, ging vor einigen Jahren derart viral, dass diese Erfahrung darin inzwischen einen eigenen Eintrag als »Meta-Fehlschlag« bekommen hat: »Dieser verflixte Lebenslauf des Scheiterns hat weit mehr Aufmerksamkeit erhalten als meine gesamte akademische Arbeit.«[104] Na, herzliches Beileid.

Und Melanie Stefan? Von der Frau, die all die Lebensläufe des Scheiterns inspiriert und die es inzwischen selbst auf eine Professur geschafft hat, findet sich kein solches Dokument. Was auf die Krux ihres Vorschlags hinweist. Stefan empfahl zwar, neben dem Positivabzug auch das Negativ des eigenen Karrierewegs öffentlich zu machen – aber unter einer Bedingung: wenn man es sich leisten kann. Kann man? Sollte man? Ihren eigenen CV der Fehlschläge behielt sie dann jedenfalls doch für den Privatgebrauch zurück.[105]

»Wir brauchen eine Kultur des Scheiterns«: Das haben mit diesen oder fast genau diesen Worten unter anderem der Versandunternehmer Michael Otto gefordert, der Investor Frank Thelen, der Bundesverband Deutsche Start-ups, der Gründer des Fitnessunternehmens Runtastic, mehrfach auch der Schauspieler Lars Eidinger und bestimmt noch 20 000 andere.[106] Ein breiter gesellschaftlicher Chor verlangt, das Misslingen nicht länger als

Schmach zu betrachten, sondern es zu begrüßen als, wie man es dann so schön nennt, Chance.

Es gibt Konferenzen, die ganz dem Scheitern gewidmet sind, und Kneipenabende, bei denen junge Gründer von ihren Insolvenzen erzählen, sogenannte *Fuckup Nights*, und das Publikum darf dabei kräftig lachen. Auf die Schnauze zu fliegen, hatte ja schon immer etwas von Slapstick.

Und natürlich kann es tröstlich sein, wenn auch bei anderen nicht alles auf Anhieb klappt und die Gewinnertypendichte im Leben sich als deutlich geringer erweist, als es uns die gut dokumentierte Fehlwahrnehmung dauernd glauben lässt. Das Idol setzt Dinge an die Wand, der Überflieger erleidet Bruchlandungen, und sogar der großartigste Quizmaster hat manchmal keinen blassen Schimmer, was die richtige Antwort sein könnte – wie beruhigend.

Wenn auch selbst scheinbar geborene Sieger Phasen durchlaufen, in denen sie nur dumm aus der Wäsche gucken, stützt das die besänftigende Vorstellung, dass der Erfolg nicht einfach so kommt, sondern seinen Preis hat: Es war nicht alles immer groß, da musste erst jemand die Zähne zusammenbeißen, frustrierende Erfahrungen wegstecken und den Schmerz ertragen, ehe endlich der Lohn für die Mühen kam. Es wird schon irgendwie abgerechnet und damit sind auch für uns selbst nicht alle Hoffnungen verloren. Vielleicht gehen wir mit den eigenen Rückschlägen nur in Vorkasse, um anschließend mehr als entschädigt zu werden. Die Welt ist am Ende gerecht. Wird schon.

Und trotzdem: Dass die Erfolgsmentalität nun so nonchalant das Scheitern in ihren Hoheitsbereich einzugemeinden versucht, wirkt dann doch befremdlich. Sogar einen Slogan hat sie für das Manöver gefunden. Wie eine Schallplatte mit Sprung wiederholen die Start-up-Gurus und alle anderen Vertreter einer Kultur des Scheiterns immerfort das Zitat von Samuel Beckett: *Ever tried. Ever failed. No matter. Try again. Fail again. Fail better.* Man hat es probiert, man ist gescheitert, was soll's, probiert man's noch mal, scheitert noch mal – aber besser.

Schön gesagt, aber es stellen sich natürlich Fragen. Was genau denn besseres Scheitern eigentlich sein soll. Gar nicht scheitern? Noch mehr scheitern? Unklar. Die ganze Suggestivkraft dieses schönen Zauberzitates würde es auch nur zerstören, wenn man dem mysteriösen Widerspruch mit Begriffsdefinitionen käme.

Scheitert einfach besser, *fail better.* Was gibt es denn da nicht zu verstehen?

Auch wenn also unklar bleibt, welche konkrete Handlungsempfehlung sich aus den Beckett-Worten für den Alltag ergeben soll – zumindest assoziativ wird das Scheitern schon mal umgeparkt. In der Vorstellungswelt steht es nicht mehr länger in der schäbigen Gegend, wo bald die Abrissbagger anrücken, sondern bereits in Sichtweite des schönen Lebens. Scheitern ist nicht der Anti-Erfolg, was es dem Wortsinn nach eigentlich ist, sondern eine Art Proto-Erfolg, etwas beinahe Gelungenes – in welcher Hinsicht auch immer. Man fällt nach vorn, dem Durchbruch entgegen. *Keep trying.* Mit diesem Unterton kursiert der Beckett-Satz inzwischen auf Zitatkacheln in den sozialen Medien und auf Postern, die sich Hartgesottene über ihren Schreibtisch hängen, ein kleiner Muntermacher aus der weisen Welt der Weltliteratur.

In Rotterdam hat ein Künstler einen der vielen Kanäle der Stadt mit dem Beckett-Zitat als blubbernden Schriftzug versehen, vielleicht als Motivation für die Menschen, die in der Nähe am Ufer stehen und verträumt aufs Wasser starren, während sie auf die nächste Straßenbahn warten, die sie zur Arbeit fährt.[107] Der Schauspieler Daniel Radcliffe, der in der Rolle als Harry Potter eben nicht gescheitert, sondern berühmt geworden ist, bekundete in einem Interview, er wolle sich die Worte demnächst in die Haut stechen lassen: »Das wird jetzt sehr prätentiös klingen, aber es gibt ein Beckett-Zitat, das ich sehr mag und das ich mir tätowieren lassen werde.«[108] Ob es dazu kam, ist nicht überliefert; aber zumindest der Schweizer Tennisstar Stan Wawrinka konnte Vollzug melden. Zu seinem 28. Geburtstag ließ er sich den Spruch mit Nadelstichen auf den linken Unterarm notieren – was offenbar prompt seinen Schlag verbesserte. »Ich habe kurz darauf meine größten Siege errungen«, sagte Wawrinka.[109] Wenn das mal kein Zufall ist.

Beckett wird zum Posterboy des Vorwärtsscheiterns, und selbst Becketts Lebensgeschichte als einst erfolgloser Autor und späterer Gewinner des Literaturnobelpreises wird zur Untermauerung dieser Lesart herangezogen. Wenn jemand stets besser gescheitert ist, dann Beckett höchstpersönlich. Und er, der mit seinem Wirken wohl nie in der Selbsthilfe-Ecke landen wollte, würde sich vermutlich im Grabe umdrehen: Was für ein *Fail*.

In *Worstward Ho,* dem eigentlich sehr düsteren Text, dem die Worte entrissen wurden, findet sich das Mantra bereits im nächsten Absatz auf eine Weise variiert, die der Start-up-Lesart direkt widerspricht: »*Fail again. Better again. Or better worse. Fail worse again.*«[110] Noch einmal scheitern, nicht besser: schlimmer.

Schlimmer scheitern: Wer tätowiert sich diese Variante in den Unterarm? Wer würde das als Motto seinem Lebenslauf der Misserfolge voranstellen?

DEN RÜCKSCHLAG MUSS MAN SICH ERARBEITEN

Manchmal kann man staunen, wenn man in die Geschichte schaut. Man erkennt plötzlich die Merkwürdigkeit, mit der die Erfolgskultur heutzutage vorgibt, die Niederlage zu zähmen.

Was sie da als kecke Innovation der karrieretechnischen Selbstpräsentation promotet, ist so neu nämlich nicht. Den Lebenslauf des Scheiterns gab es längst, nur eben ganz anders.

Der Historiker Timo Luks stieß bei Recherchen in Archiven auf unzählige Bewerbungsschreiben, deren ausufernd lamentierender Tenor heute schwer vermittelbar wäre, vor 200 Jahren offenbar aber als guter Ton galt. Man jammerte und klagte, man heulte und zeterte – und zwar völlig unironisch. Eine Biografie der Fehlschläge. Ein wahrer CV der Missgeschicke. Alles schon mal da gewesen – und zwar auf die ehrliche Art.

Damals pflegte man gegenüber möglichen Dienstherren in der Regel nicht die eigenen Qualifikationen anzupreisen. Tat man es, dann in aller Kürze, so man überhaupt über entsprechende Nachweise verfügte, auf jeden Fall reichte man niemals so planvoll durchgestylte und feingetunte Lebensläufe ein wie wir heute in der Leistungsgesellschaft. Die frühen Bewerbungen waren stattdessen voll von Niederlagen und Schicksalsschlägen, Not und Verzweiflung und nicht enden wollenden Serien der Erfolglosigkeit, die in allen Einzelheiten einem potenziellen Arbeitgeber ausgebreitet wurden. Die B-Seite der Bewerbung, heute als erfrischend-augenzwinkernde Variation empfohlen (so man es sich leisten kann), war damals der Normalfall, weil an eine A-Seite für die meisten Menschen noch gar nicht zu denken war, wenn sie plötzlich in die Lage kamen, irgendwo für eine Arbeit vorsprechen zu müssen. In einer ständisch geprägten Gesellschaft vor der Entfesselung des modernen Ehrgeizes war das Scheitern in allen denkbaren Formen tatsächlich für viele fast das Einzige, woraus der Anspruch auf einen Job erwachsen konnte. Man musste jemanden finden, der sich erbarmte, und man musste klarmachen, warum man erbarmungswürdig war. Man musste bedürftig sein, um bedient zu werden.

Jacob Grimm, um ein prominentes Beispiel aus Luks' Forschung aufzugreifen, hatte eines Tages von seinem Bruder Wilhelm erfahren, dass an der kurfürstlichen Bibliothek in Kassel der Posten des zweiten Bibliothekars frei geworden war. Im August 1815 wandte er sich daher mit einem Schreiben an den Kurfürsten und führte darin seine »schwächliche Gesundheit« an und seine »geringen Kenntnisse« auf anderen Gebieten, weshalb die Tätigkeit in der Bibliothek am besten für ihn geeignet sei.[111] Warum auch sonst? Über seine Befähigung für den Job verlor er hingegen kein Wort – und es ist auch nicht so, dass die Arbeitssuche wegen Grimms Prominenz ein Selbstgänger hätte sein können. Als Märchensammler und wegweisende Germanisten kamen er und sein Bruder erst sehr viel später zu Ruhm und Ehre.

Fast alle bewarben sich damals so. Ein Schmied schrieb an ein Zoll- und Maßamt, der Grund seiner Bewerbung sei nicht nur der »bekannte nahrungslose Zustand« seines Gewerbes, »sondern auch der mich zur ordentlichen Versehung der den erforderlichen Lebensunterhalt verschaffenden Arbeit unmöglich machende elende linke Arm«. Das Gebrechen als Pluspunkt. Ein Schneider bewarb sich wiederum mit dem Verweis auf seine Frau und die acht Kinder, die er zu versorgen hatte, und schilderte ausführlich, warum seine Schneiderei so schlecht lief, alte Kunden starben, neue kamen nicht – weshalb ganz bestimmt kein »beklagens- und mitleidwürdigerer« Kandidat unter den Bewerbern sei als er.[112] Welcher Chef würde es da noch wagen, ihn abzulehnen?

Scheitern Bewerbungen, wird der Lebenslauf dadurch im Zweifel sogar noch beeindruckender: Ein Mann, der sich mehrfach vergeblich um eine Stelle bemühte, führte 1832 seine Kollegen an, hinter die er mehr und mehr zurückfalle. Die hätten nun allesamt »schon das Glück gehabt definitiv angestellt worden zu sein, nur ich allein stehe als Familienvater noch in prekären Verhältnissen«.[113] Er sei nun einfach an der Reihe.

Würde man das nicht heute gern mal so klar und deutlich schreiben?

»Ich bin seit geraumer Zeit arbeitslos, das Nichtstun nervt, außerdem wird das Geld langsam knapp, der ausgeschriebene Job käme mir sehr gelegen. Was ich bisher so versemmelt habe, entnehmen Sie der Tabelle anbei.« Der Fallbearbeiter bei der Arbeitsagentur, hätte es ihn damals schon gegeben, hätte seinem Klienten jedenfalls auf diese Bewerbung hin kein Seminar für Selbstvermarktung verordnet. Heute würde er die Hände über den Kopf zusammenschlagen und die Liste potenzieller Sanktionen durchgehen.

Wenn man einen wirklich unverkrampften Umgang mit dem Scheitern sucht, dann findet man ihn in einer Vergangenheit, in der noch nicht jedem eingeschärft wurde, er oder sie möge etwas aus sich machen. Man konnte damals anscheinend offen seine Wunden lecken. Man war nicht gezwungen, mit verbrämtem Ehrgeiz immer schön nach vorn zu formulieren, dass man neue Herausforderungen suche, an denen man wachsen könne, und nun hochmotiviert den nächsten Schritt gehen wolle. Ambition war in der alten europäischen Welt noch nichts für den Massengebrauch, was auch hieß, dass man das Elend relativ unverblümt zugeben konnte. So genervt, wie man heute von all den wohlfeilen Bekenntnissen zum chancenreichen Scheitern ist, kommt einen diese Fehlschlagsfreimütigkeit auf den ersten Blick zwar erfrischend vor, aber entspringt eben auch einem antiegalitären Geist, zu dem man vielleicht nicht unbedingt zurückwill.

Auf den forschen Auftritt als potenzieller Leistungsträger verzichteten die damaligen Bewerber vor allem deshalb, weil sie sich in der Regel an eine Obrigkeit wandten, die höher geboren war, und eine Ständegesellschaft noch keine Selfmade-Attitüde erlaubte. Man konnte nur untertänigst an ihr Erbarmen appellieren. Insofern ist die Ehrlichkeit, um die man die frühen Bewerbungen heute fast beneiden will, ein Ausdruck einer tief verinnerlichten Unmündigkeit, die dann wiederum doch nicht gerade erstrebenswert erscheint: ein Betteln um Gnade.

Betteln will man nicht, aber Betteln würde heute auch kaum helfen. Man muss das Versagen schon als dornige Chance annehmen, sich dankbar zeigen und etwas Blühendes daraus machen. Ein Anspruch auf Anerkennung ergibt sich nicht aus der krachenden und endgültigen Niederlage, sondern immer nur aus einer erfolgreich gewendeten – das ist eigentlich gemeint mit der Kultur des Scheiterns, die so gern gefordert wird, von Lars Eidinger sogar mehrfach.

Als die junge Forscherin Melanie Stefan ihren Vorschlag eines Parallellebenslaufs der Pleiten in die Welt setzte und die Ersten ihn aufgriffen, dauerte es nicht lange, bis jemandem einfiel, dass sich das Verhältnis von gescheiterten zu geglückten Projekten doch wunderbar als Leistungsindikator sehen ließe. Ist die Liste der fehlgeschlagenen Projekte im Vergleich zu den gelungenen zu lang, deutet das auf mangelnde Befähigung hin: zwei linke Hände, ein Tollpatsch, ein Versager. »Für jeden von uns gibt es ein perfektes Verhältnis von Ablehnungen zu Zusagen – wahrscheinlich etwa vier zu eins«, überlegte eine Journalistin der *Financial Times*, ohne näher zu erläutern, wie sie ausgerechnet auf den Wert von vier zu eins kam.[114] Andere verleitete die Überlegung zu dem Kommentar, dies sei doch »eine interessante Kennzahl, die es zu berücksichtigen gilt«.[115] Oder anders formuliert: Erst wenn man das Scheitern mit in den Blick nimmt, ergibt sich das vollständige Bild über die Leistungstüchtigkeit einer Bewerberin, und es ist die Frage, ob es für sie wirklich immer ein Gewinn ist, um dieses Geheimnis gebracht worden zu sein.

Da soll also noch einmal jemand sagen, die Enttabuisierung des Scheiterns sei eine Befreiung vom ständigen Leistungsdruck. Wer will behaupten, man müsse die Niederlage nur aus dem Halbschatten holen und schon sei man das elende Höher-Schneller-Weiter los? Denkt man den Gedanken zu Ende, wird das Scheitern zu einem Instrument der perfekten meritokratischen Durchleuchtung, das Leistung auf eine ähnlich beängstigende Art transparent macht, wie Michael Young es in seiner Dystopie ausgemalt hat. Jedes Scheitern muss durch ausreichend Erfolge aufgewogen werden. Man muss es sich hart erarbeiten. Man muss es sich verdienen.

Insofern ist es nicht besonders überraschend, dass die eigenen Rückschläge nur öffentlich macht, wer sich längst in einer Position befindet, in der sie die Erfolgswürdigkeit nicht mehr grundsätzlich infrage stellen. Es sind eher die graduellen Niederlagen, die immer noch Auswege zuließen, von denen erzählt wird, vielleicht schlimme, peinliche, schmerzhafte Dinge, aber nichts, was einem das Genick gebrochen hätte.

Die Gefahr der Blamage ist nicht gebannt, solange der Ehrgeiz ein laufendes Projekt ist. Ständig kann etwas dazwischenkommen, nicht ganz aufgehen. Ständig kann man auf seinen Ambitionen ausrutschen, überall können Patzer passieren, die die heimlichen Pläne als eine Spur zu groß publik werden lassen. Aber sind wir erst einmal am Ziel angelangt, können wir natürlich rückwirkend einen Teil der Schmach wohldosiert offenbaren – ohne Reputationsschaden, ohne dass der Eindruck entstünde, wir seien in den Erfolg bloß versehentlich hineingeraten. Im Gegenteil, geschickt bekannte Patzer lassen ihn sogar verdienter erscheinen. Der Mensch ist fehlbar, und wo man mit Fleißarbeit seinem Ansinnen nachzuhelfen versucht, gehen auch mal Dinge schief.

Am Ende aber hat sich das Talent durchgesetzt, rein und unverfälscht. Das Ergebnis gilt gerade wegen der Widrigkeiten als besonders natürlich und zwangsläufig. Wer es schafft, den Rückschlägen zu trotzen, der muss echt was draufhaben – was zu folgern man natürlich anderen überlässt. Man selbst ist einfach nur dankbar.

Und so bekommen die Geschichten, die die Erfolgreichen über ihr Scheitern erzählen, einen für sie vorteilhaften Subtext. Manchmal strengt man sich vergeblich an. Fleiß zahlt sich nicht immer aus. In seinem Talent dagegen kann man schlecht versagen. Der Erfolg ist das Ergebnis einer besonderen Befähigung, und die Rückschläge lassen alles nur heller strahlen. Gleich doppelt bedient diese Lesart den Wunsch, dass es in der Welt gerecht zugehen soll: Man hat den Erfolg nicht nur durch Begabung auf eine besonders unzweifelhafte Weise meritokratisch verdient, sondern zudem durch gelegentliches Scheitern an widrigen Umständen menschliche Sympathiepunkte gesammelt.

In jedem Fall bieten die Erfolgreichen als Vorbilder für die gut weggesteckte Niederlage etwas Tröstliches, woran sich alle anderen festhalten können. Nicht verzweifeln. Scheitern ist nicht zwangsläufig das Ende. Vielleicht ist es sogar das Gegenteil: Der Weg nach unten bringt dich, als diente er nur zum Schwungholen, erst so richtig weit nach oben.

Aber objektiv muss man leider sagen: Es spricht nicht viel für diese Schlussfolgerung. Manche Erfolgreiche sind zwar zuvor gescheitert. Das schon. Aber noch viel mehr, die scheiterten, sind später nie erfolgreich geworden – nur dass man ihre Geschichte nicht hören wird. Sie bleiben stumm und unsichtbar, weil allein die späteren Sieger überhaupt die Bühne bekommen, ihre vorherigen Niederlagen öffentlichkeitswirksam als bestandene Bewährungsproben zu inszenieren. In manchen Unternehmen zum

Beispiel werden Menschen so notorisch wie Dreck behandelt, schikaniert und zurückgesetzt, dass die, die es trotzdem nach oben schaffen, zwangsläufig immer auch eine lange Leidensgeschichte vorzuweisen haben: Die Erfolgreichen haben Wunden davongetragen – und sie können so tun, als wären sie nur deswegen erfolgreich geworden. Aber was folgt daraus, wenn die Zahl derer ungleich größer ist, die resigniert aufgegeben haben, ohne irgendeine Trophäe mitzunehmen?

Es gibt sicher Studienabbrecher, die es zu Geld und Ansehen bringen. Man hört ja immer wieder von diesen Ausnahmeerscheinungen: Bill Gates, Mark Zuckerberg, Steve Jobs zum Beispiel oder hierzulande Wolfgang Joop oder Günther Jauch, dem qua Funktion als Quizmaster so umfassende Allgemeinbildung unterstellt wird, dass sich eigentlich jeder Uniabschluss erübrigt. Und weil man gleich mehrere Abbrecher aufzählen kann, sitzt man leicht dem Irrtum auf, es handle sich um ein Muster: erst das Scheitern, dann der Triumph, als wäre das eine die zwingende Folge des anderen. Wer macht schon die Gegenprobe?

Wenn ein schwerreicher Investor wie der erzlibertäre Techmilliardär Peter Thiel ein Stipendium auslobt für diejenigen, die bereit sind, heroisch die Uni hinzuwerfen, um ein Start-up zu gründen, dann wirkt es, als wäre der Abgang ohne Abschluss überhaupt erst die wahre Befähigung zum Erfolg. Und all die Langweiler, die auf dem klassischen kleinteiligen Leistungsparcours bleiben und also in den Hörsälen, beweisen damit anscheinend nur, dass ihnen Drive und Entschlossenheit fehlen, um wirklich an der Masse vorbeizuziehen.[116] Die Statistik erzählt allerdings eine andere Geschichte. Abertausende brechen Jahr für Jahr die Uni ab und nur die wenigsten von ihnen werden hinterher überragend erfolgreich, im Gegenteil. Im Schnitt verdienen Studienabbrecher in den USA 35 Prozent weniger als diejenigen, die bis zum Abschluss durchhalten, in Deutschland liegen die Gehälter von Abbrechern 25 Prozent hinter den Verdiensten ihrer erfolgreichen Kommilitoninnen und Kommilitonen. Die Millionäre unter den vorzeitigen Hochschulabgängern sind eher die Ausnahme.[117]

Und eine ähnliche Randerscheinung wie Einhörner, die sich in einen Eselstall verirren, sind in Wahrheit wohl auch die letztlich doch etablierten Unternehmensgründer, die bei launigen Kneipenabenden und auf Konferenzen ihre Misserfolge als bloßes Vorspiel zum Durchbruch präsentieren. Daten aus den USA zeigen, dass sich nicht diejenigen Gründer besonders erfolgreich entwickeln, die zuvor mit einem Unternehmen gescheitert sind – sondern die, die schon mit ihrem ersten Start-up Erfolg hatten.[118] Eine Untersuchung von 8400 deutschen Unternehmensgründungen kommt zu dem gleichen Ergebnis: Wer mit vorherigen Geschäften bankrottging, der hat auch in der Zukunft eine höhere Insolvenzwahrscheinlichkeit. Die Welt gehört nicht den Stehaufmännchen, sondern eher denen, die gar nicht erst hinfallen.

Fail again, fail better?

Wer nicht wagt, der nicht gewinnt: So einfach dahergesagt, mag das stimmen. Aber die schöne Binse stolpert über ihre eigenen Füße, sobald man sie etwas dreht und wendet: Wer nicht gewinnt und es weiter wagt, gewinnt dafür später – eben auch nicht notwendigerweise.

Oft genug ist das Scheitern nicht die wertvolle Lerngelegenheit, zu der seine Apologeten es gern verklären: Du fliegst hin, aber dafür weißt du, was du beim nächsten Mal anders machen musst. Danke für den Tipp. Schön wär's. Weiß man eben nicht. In Wahrheit sind die Schlüsse, die sich aus einer Niederlage ziehen lassen, nur eingeschränkt auf andere Situationen anwendbar, wenn überhaupt: Die Umstände sind dann doch zu komplex, als dass die Faustregeln, die man aus Misserfolgen gewonnen zu haben meint, beim folgenden Versuch irgendwie dienlich sein könnten. Selbst wenn man wollte, kann man aus Rückschlägen wenig lernen, weil beim nächsten Anlauf die Voraussetzungen ganz andere sind. Vielleicht ist dann schon wieder das Gegenteil wahr von dem, was man gerade gelernt hat. Vielleicht müsste man es nun genauso anstellen wie davor, weil es diesmal auf die Art klappen würde, aber weil es damals schiefging und man unbedingt klüger geworden sein will, macht man es jetzt völlig anders. Und dann geht es, Ironie des Schicksals, eben wieder schief. *Fail better.*

Was am Ende den Durchbruch bringt, bleibt ein Rätsel. Die Kriterien werden undurchschaubar, und geheimnisvoll bleibt damit auch, warum der Erfolg eigentlich verwehrt wird.

Woran hat es gelegen? Warum ich? Warum hat eine Gründung nicht geklappt, warum hat man einen Job verloren, und wie kann man es künftig besser machen? Wirklich aus Fehlern lernen kann man nun mal doch nur in der Schule.[119]

NIEDERLAGENPROPHYLAXE

Eine Niederlage kann beflügeln, behaupten sie. In Wahrheit ist eine Niederlage wie Treibsand, weil auch alle Leistungen plötzlich nicht mehr wirken, irgendwie defekt sind, funktionsunfähig, fahl und eingefallen. Wer Erfolg hat, dessen Taten erscheinen übergroß. Wer ihn partout nicht hat, dessen Bemühungen wirken wie geschrumpft und kraftloser, als sie eigentlich sind. Zwei Menschen können das Gleiche tun, nur dass bei dem einen alles wie ein Bravourstück aussieht und bei dem anderen wie bemitleidenswertes Zappeln. Wer scheitert, muss noch gegen die Wahrnehmung anarbeiten, wonach seine Leistungen minderwertig sind. Und diese Wahrnehmung kann sich blitzartig überall da einstellen, wo Leistungen in erster Linie eine Frage der Interpretation sind und losgelöst von klaren Kriterien.

Wie soll eine Niederlage also eine Gelegenheit sein, um Anlauf zum Erfolg zu nehmen? Eher hängen einem Bleiklötze an den Füßen, und man hat alle Mühe, wieder auf die Beine zu kommen und sich einigermaßen zu halten. Man droht in einen Teufelskreis hinabgerissen zu werden, in dem man mit jeder Entmutigung nur weiter an Elan und Zuversicht verliert. Die Kraft wirkt aus der einen Richtung jedenfalls sehr viel stärker als aus der anderen, halb zieht es einen hoch, dreiviertel sinkt man hin, und jeder, der einmal im Leben einen echten Reinfall erlitten hat, weiß im Grunde nur zu gut um die wahren Gravitationsverhältnisse in einer solchen Situation. Man richtet sich nicht mal eben so auf.

Scheitern ist furchtbar. Scheitern ist schlimm. Mag ja sein, dass alle ständig scheitern und auf jeden, der mal gewinnt, sieben kommen, die verlieren, oder acht oder neun oder zehn. Mag sein, dass das Scheitern eine sehr verbreitete und alltägliche Erfahrung ist. Aber eine verbreitete und alltägliche Erfahrung ist auch der Ehrgeiz und er wird deswegen noch lange nicht zum verbindenden Gemeinschaftserlebnis. Scheitern wird es noch weniger: Mit dem Ehrgeiz bleibt man klugerweise allein, mit dem Scheitern ist man es zwangsläufig.

Wer scheitert, um den machen die anderen einen Bogen, als fürchteten sie, ein gefährliches Virus könnte sonst auf sie überspringen. Als Loser ist man nicht der Star auf jeder Party, es haben alle Angst, sich mit dem Verlierer blicken zu lassen, weil sonst auch die eigene Leistungsfähigkeit infrage stehen könnte. Wenn das Scheitern also tatsächlich so eine grandiose Lerngelegenheit ist, warum setzen sich die Mitmenschen nicht reihenweise mit in den Unterricht und leisten Gesellschaft? Die wenigsten sehen im Gescheiterten den Gewinner von morgen.

Man könnte denken, eine Niederlage wäre wie ein Erfolg, nur mit einem Minus davor, eine grundsätzlich ähnliche Erfahrung, von gleichem Gewicht, aber mit umgekehrtem Vorzeichen. Die Psychologie weiß allerdings längst, dass uns Verluste sehr viel stärker schmerzen, als uns Gewinne freuen würden. Gewinnen wir 100 Euro, sind wir eine Weile ganz beglückt, aber viel länger und heftiger trauern wir, wenn wir 100 Euro verlieren.[120] Erfolg ist eine schöne Sache, aber das Scheitern eine noch viel schlimmere.

Warum strengen wir uns also an? Warum wollen wir einen gesellschaftlichen Status erreichen? Vielleicht mindestens auch aus der Angst davor, zurückzufallen. Nicht das Ziel vor unseren Augen stachelt den Ehrgeiz an, sondern der Abgrund im Rücken. Was den Erfolg attraktiv und erstrebenswert macht, ist gar nicht nur das, was man mit ihm erringt – sondern vor allem auch, was man durch ihn zu vermeiden hofft. Er ist in erster Linie wohl oft ganz einfach vor allem das: eine dringend benötigte Niederlagenprophylaxe.

Was die Vorbeugemaßnahmen angeht, sind die Menschen äußerst erfinderisch. Manche diversifizieren ihren Ehrgeiz und fassen mehrere Ziele ins Auge, sie stellen sich als Ich-AG mit breit gefächertem Portfolio auf, sodass Verluste in dem einen Zweig durch Gewinne im anderen ausgeglichen werden können und die Identität nicht auf Gedeih und Verderb an einem einzigen Vorhaben hängt. Wenn mal Projekte fehlschlagen, laufen noch genug andere, die klappen könnten. Es droht nicht der Totalschaden eines ganzen Lebensentwurfs – aber die Erfolge bleiben auch nur Teilerfolge. Und sogar die irritierende Beobachtung, dass Menschen sich manchmal vehement gegen den Gedanken sperren, ihr hartes Los treffe sie unverschuldet, kann man als Absicherungsbemühung gegen die Endgültigkeit der Niederlage verstehen. Die Vorstellung, ein hilfloses Opfer der Umstände zu sein, ist deswegen so schwer zu ertragen, weil sie im Umkehrschluss bedeuten würde, dass man mit seinem Tun nichts an der Lage ändern kann. Also betreibt man lieber *Victim Blaming* in eigener Sache. Besser schiebt man sich die Verantwortung in die Schuhe, als dass man sich für unbeteiligt und damit auch das weitere Schicksal für unkontrollierbar erklärt. Irgendwie muss man im Scheitern seine Handlungsfähigkeit bewahren.

Selbst das Unglück will man sich verdient haben, und bekanntlich hat schon Hiob diesen Drang verspürt.

Zur Not, wenn sich das Scheitern nicht in einen äußeren Erfolg verwandeln lässt, bewahrt man die Kontrolle darüber, indem man es zur Gelegenheit für inneres Wachstum erklärt, für die man im Nachhinein selbstverständlich sehr dankbar ist. Da ist man ganz schön durch die Jauche gestapft – aber immerhin ist man jetzt reifer, als Persönlichkeit, als Mensch. Man sei so viel weiser geworden, so viel erwachsener, und man behauptet nun, man würde trotz all der Demütigungen jederzeit wieder das gleiche Leben leben wollen. Man bereue keinen Traum, der geplatzt ist.

Irgendeinen Sieg will man davongetragen haben. Für irgendwas muss es gut gewesen sein. Irgendwie will man, wenn schon nicht durch echte Gewinne, mit den Gewinnertypen gleichziehen – was auch nur eine Spielart des Glaubens an eine gerechte Welt ist. Aber in wachen Momenten erkennt man dann wahrscheinlich doch, dass diese küchenpsychologische Selbsttherapie nur einen schwachen Trost bietet: Man wäre ja lieber an seinen Aufgaben gewachsen.

In Wahrheit glauben wohl auch diejenigen, die für eine Kultur des Scheiterns werben, selbst nur halb daran. Niemand will den schwarzen Gürtel für treffsichere Fehlschläge, niemand will einen Pilotenschein für Bruchlandungen, niemand freut sich über eine gute Startposition im Nachhintenlosgehen. Definitiv und hart und unumkehrbar möchte man auf keinen Fall scheitern. Was dagegen alle brauchen, auch wenn sie es nur hinter vorgehaltener Hand zugeben: eine Art der Rückversicherung.

Auch die, die erfolgreich sind. Vielleicht gerade die. Wer es weit nach oben geschafft hat, kann schließlich besonders tief stürzen, sobald das Blatt sich wendet. Der angesehenste Mitarbeiter einer Abteilung landet auf dem Abstellgleis, wenn eine neue Chefin mit neuen Vorstellungen kommt. Das Managergenie wird geschasst, weil die Firma den Eigentümer wechselt und vormals geniale Methoden nun mit der gebührenden Skepsis betrachtet werden.

Man muss erst etwas gewonnen haben, um etwas verlieren zu können. Wie vermeidet man den kalten Entzug, wenn Ruhm und Prestige eines Tages aus dem Glitzerleben ausgeschwemmt werden und ihre berauschende Wirkung verlieren? Wie reagiert man, wenn der Rückenwind abflaut? Wie verblasst man in Würde, nachdem man so lange darauf hingearbeitet hat, endlich zu strahlen?

Den meisten Erfolgsprojekten fehlt ein ausgearbeiteter Rückbauplan, was leider immer erst auffällt, wenn es zu spät ist. Plötzlich verhält man sich befremdlich, dünnhäutig, schlägt irgendwann vielleicht panisch um sich.

In der Loriot-Komödie *Pappa ante portas* bestellt Heinrich Lohse, Einkaufsdirektor bei der »Deutschen Röhren AG«, auf seiner unsinnigen Rabattjagd einen Papiervorrat für die nächsten 40 Jahre und wird daraufhin in den vorzeitigen Ruhestand geschickt.

Seine Rolle als Zampano führt er, vollkommen bruchlos, mit allem förmlichen Gehabe zu Hause fort. Der verdutzten Putzhilfe, schon lange für die Familie tätig, aber ihm offenbar bisher unbekannt, erklärt Lohse, er werde selbst mit Hand anlegen, bis sie eingearbeitet ist: »Hausarbeit verlangt eine straffe Organisation.« Und auch sonst nervt er mit dem Sozialverhalten eines leitenden Angestellten, der nicht erkennen will, dass er seiner Position beraubt wurde. Die Herr Lohses der Wirklichkeit sind ähnlich alberne Gestalten, aber meistens mehr auf eine tragische als auf eine komische Art.

Es kann wehtun mitanzusehen, wie verbissen manche gegen den eigenen Bedeutungsverlust ankämpfen, die Gefahr der Lächerlichkeit blind in Kauf nehmend. Peinlich wäre es, wenn sich jemand den Ehrgeiz hätte anmerken lassen, während er noch an der Verwirklichung seiner Pläne arbeitet. Wirklich peinlich wird es aber, wenn der Ehrgeiz, nachdem man ihn so lang elegant verborgen hat und den Aufstieg wie den natürlichen Lauf der Dinge erscheinen ließ, sich unfreiwillig im Nachhinein entblößt. Zur Witzfigur macht sich, wer im Abstiegskampf so sehr den Kopf verliert, dass all die geheim gehaltenen Ambitionen aus dem Kostüm purzeln, das sonst so gut zu passen schien, wie lauter Sicherheitsnadeln, die sich unkontrolliert lösen. Plötzlich steht der Gewinnertyp da wie einer, der immer schon schlecht verkleidet gewesen ist.

In dieser grotesken Hilflosigkeit offenbart sich auf perfide Weise eben auch, was es heißt, wenn man das Scheitern immerzu als Chance begreifen soll und selbst dann, wenn die Dinge schiefgehen, der einzig angeratene Blick stets der nach vorn ist: Sobald vorn nichts mehr zu holen ist und die Rückschläge definitiv sind, ist man völlig ratlos und produziert, weil es kaum ein Modell für einen souveränen Umgang mit der Situation gibt, reihenweise Fremdscham-Momente. Auf die sehr drängende und sehr nachvollziehbare Frage, wie man dem Scheitern das Bodenlose nimmt, hat der Erfolgskult leider immer nur eine Antwort: indem man darin den Keim für den Aufstieg sucht. Was nun einmal auch heißt: Der Erfolg ist auf Dauer der einzige Garant gegen das Scheitern.

Man ist also besser rechtzeitig *too big to fail,* hält sich für dringend systemrelevant und ist auf jeden Fall unerschütterlich von der eigenen Unersetzbarkeit überzeugt. Und natürlich ist in Wirklichkeit jeder immerzu und überall ersetzbar. Was sonst bedeutet die Demokratisierung des Ehrgeizes, wenn eben nicht auch das: Man ist austauschbar.

Hat man seine Position in einem freien Leistungswettbewerb errungen, können sich jederzeit andere durch Talent und Fleiß für dieselben Aufgaben empfehlen. Und erst recht austauschbar ist man, wenn man bloß durch den Zufall oder andere leistungsferne Faktoren in die glamouröse Position gehievt wurde: Man mag sich dann zwar erst recht für einzigartig halten, weil so wenig da ist, worauf man den Erfolg sonst zurückführen könnte, und man ihn natürlich trotzdem verdient haben will. Aber im Prinzip kann damit auch jederzeit aus dem Nichts und vollkommen überraschend ein anderer kommen, der ebenfalls unvergleichbar und vielleicht auf seine Weise noch einzigartiger ist.

Was tut man also, wenn man keine Strategie für einen würdigen Abgang in der Schublade hat? Verzweifelt die Flucht nach vorn ergreifen?

Den Erfolg versucht man in Zeiten seiner Herausforderung mit Zähnen und Klauen zu verteidigen und womöglich durch besonders herablassendes Gebaren abzusichern. Vielleicht schafft man es noch eine Weile, sich mit demonstrativer Arroganz gegen den Niedergang zu stemmen, weil Arroganz ja schon immer vor allem eine Trotzhaltung gegen die diffuse Ahnung war, dass die eigene Größe eben doch fragil und fraglich sein könnte.

Aber wahrscheinlich katapultiert man sich mit allem aufgebotenen Hochmut irgendwann dann doch überforsch und auf groteskeste Weise in die Bedeutungslosigkeit. Das lang gediente Alphatier sieht im letzten Aufbäumen auch nur aus wie ein alter Affe.

Wenn wir genau darüber nachdenken, gibt es nur wenige Konstellationen, in denen sich das Scheitern tatsächlich so sicher in einen Erfolg umwandeln lässt, dass wir es beherzt angehen könnten. Hier also zum Abschluss ein paar reale Fälle aus der jüngeren Vergangenheit, die dem Ideal einer gewinnbringenden Niederlage zumindest nahekommen.

Ein 33-jähriger Autofahrer wird in Kiel und Umgebung ständig in Unfälle verwickelt, an unübersichtlichen Kreuzungen stößt er mit anderen Fahrzeugen zusammen, immer wieder, 33 Mal in nur vier Jahren. Es ist wie verhext. *Ever tried. Ever failed.* Immerhin bleibt es bei Sachschäden – und dem Geld, das er als Wiedergutmachung bekommt.

Ein Monteur hat einen Unfall, der ihn berufsunfähig macht. Als ein Gutachter ihn aufsucht, sitzt er im Rollstuhl, jede Bewegung schmerzt. *No matter. Try again.* Bewundernswerterweise schafft er es trotz Rollstuhl, sich als Küchenbauer ein kleines Zubrot zu verdienen. Zwischendurch läuft er Marathon.

Ein Millionärssohn aus der Schweiz, Anfang 20, fährt vor einem Bordell in Augsburg vor. Seinen neuen Ferrari 458 italia im Wert von mehr als 300 000 Euro lässt er unabgeschlossen vor dem Gebäude stehen. Zwei Männer kommen, öffnen die Türen des Autos, werfen zwei Benzinflaschen auf die Sitze. Als der Jungmillionär aus dem Gebäude kommt, ist das Auto nicht mehr zu gebrauchen. Aber er kann es als Chance sehen: Es ist ja gerade ein neues Modell auf den Markt gekommen, das ihn viel mehr reizt. *Fail again. Fail better.* Und zum Glück hatte er vor dem Brand noch die Felgen abgeschraubt.[121]

Das Scheitern hätte zu einer Erfolgsgeschichte werden können, eine echte Chance – wären nicht in allen Fällen Gerichtsverfahren wegen Versicherungsbetrugs dazwischengekommen.

7

LOTTO MIT SYSTEM

R. HOE & Co N.Y.

WARUM WIR UNS SO SCHWERTUN, ERFOLGE GERECHT ZU VERTEILEN

Die Anfänge jener mächtigen Institution, die über das Leben der Menschen entscheidet, liegen im Verborgenen. Mythen ranken sich um ihren Ursprung. Es begann in grauer Vorzeit, so heißt es, als Zeitvertreib einfacher Leute, ein Spiel, unscheinbar und kaum der Rede wert. Ein paar Händler hatten eine Lotterie ins Leben gerufen. Eines Tages, so geht die Legende weiter, kam jemand auf die Idee, das Spiel ein wenig auszubauen, ein bisschen Nervenkitzel hineinzubringen, etwas Würze, etwas Thrill. Zusätzlich zu den Glückszahlen gab es jetzt ein paar Unglückszahlen in der Auslosung. Das Spiel hatte plötzlich zwei Seiten: Man durfte auf einen Gewinn hoffen – und musste, wenn es schlecht lief, eine empfindliche Geldbuße fürchten. Anfangs war das Risiko überschaubar, auf 30 Gewinnzahlen kam eine, die Pech verhieß, aber der Werbeeffekt war groß genug. Die Idee sorgte für Aufsehen, die Masche zog, die Angstlust hielt sich in angenehmen Grenzen, die Händler verkauften fleißig ihre Lose. Wer hat noch nicht, wer will noch mal?

Dummerweise stellte sich ziemlich schnell heraus, dass die Verlierer ihre Strafe nicht mit der gleichen Bereitwilligkeit annahmen wie die Gewinner ihren Gewinn – wodurch die sorgsam austarierte Mechanik der Lotterie ins Wanken geriet.

Es brauchte also Maßnahmen, die dafür sorgten, dass die Verlierer auch wie vorgesehen ihre Zahlungen leisteten. Möglicherweise war das der Moment, in dem der Betrieb der Lotterie mit der Staatsgewalt zu verschmelzen begann. Es hatte sich nämlich gezeigt, dass die Zahlung der geschuldeten Summe in recht vielen Fällen durch Haftstrafen erzwungen werden musste – der Schritt zu einer Public-Private-Partnership der Lotteriebetreiber mit der Regierung lag nahe. Man arbeitete zusammen und verloste, zur Vermeidung von Friktionen und zur Steigerung der Effizienz, statt Geldbußen einfach gleich Gefängnisaufenthalte. Gehen Sie direkt dorthin, gehen Sie nicht über Los.

Noch mehr Nervenkitzel.

Gleichzeitig hatte sich eine moralische Debatte entsponnen um die Frage, ob ein Geldgewinn vor diesem Hintergrund nicht ein vergleichsweise schaler Lohn sei. Wenn man die Verlierer schon ohne Umwege in den Knast schickte, sollte man den Gewinnern dann nicht etwas mehr bieten? Musste da nicht etwas in den Jackpot, das gewichtiger war, existenzieller? Keine schnöde Geldsumme, sondern vielleicht gleich eine vorteilhafte gesellschaftliche Position, verbunden mit Macht, Prestige und Verdienst?

Ärmere protestierten gegen die Idee, weil sie sich von der Lotterie ausgeschlossen fühlten, da sie das Geld für das Los nicht aufbringen konnten: Sie hatten einfach keine faire Chance auf den Hauptgewinn – und zu verlieren hatten sie sowieso kaum etwas. Es heißt, es sei zu Unruhen gekommen, die schließlich zu einer umfassenden Reform und Vergesellschaftung der Lotterie führten. Alle 60 Tage sollten sämtliche gesellschaftlichen Positionen neu ausgelost werden, die Lotterie war frei, geheim und allgemein zugänglich. Jeder Bürger nahm automatisch an der Ziehung teil.

Man hatte ein bis dahin unvorstellbares Wunder vollbracht: die Gerechtigkeit auf Erden.

Aus einem kleinen Losverkauf einfacher Leute war ein umfassendes staatliches Glücksspielmonopol geworden, die Lotterie von Babylon, eine totale Verteilstelle, die Lebenschancen immer wieder aufs Neue zuweist, vollständig nach dem Zufallsprinzip, mit absoluter Chancengleichheit, ohne Ansehen der Herkunft, des Standes, der Familie, des Geschlechts, der Hautfarbe. Allerdings auch ohne Rücksicht auf Leistung, Fleiß oder Begabung.

Natürlich gab es die Lotterie von Babylon nie, sie ist ein Gedankenexperiment des argentinischen Schriftstellers Jorge Luis Borges, der in einer Kurzgeschichte eine Welt umreißt, in der die Bewohner nicht mehr Herr ihrer Erfolge sind, das radikale Gegenmodell zur Meritokratie. Niemand ist seines Glückes Schmied. Der Schmied ist ab nun für jeden Einzelnen ein zur staatlichen Schicksalstotalverlosungsmaschinerie ausgewachsenes Lottounternehmen.[122]

Viel Glück dann.

Wäre das eine gute Idee?

Der Erzähler in Borges' Geschichte, ein namenloser Mann, der Babylon aus nicht genannten Gründen längst verlassen hat, blickt zurück auf sein Leben mit der Lotterie. Ein Leben, in dem er mal als Prokonsul herrschte und mal als Sklave litt, Macht erlebte und Ohnmacht, mal weit oben stand und mal ganz unten und sich seines Schicksals nur so lange sicher sein konnte, bis bei der nächsten Ziehung wieder alles auf dem Spiel stand. In den schlechten Stunden, berichtet er, habe ihn deswegen die Hoffnung nie verlassen – und in den guten auch nie die Angst. Die Kugeln wirbelten stets von Neuem durch die Trommel. Er habe damals, in Babylon, die Lotterie nicht hinterfragt. Aber jetzt, in der Ferne, blicke er »mit gewisser Verwunderung« auf diese mächtige Institution zurück.

Im Deutschland des 21. Jahrhunderts ist die Ziehung der Lottozahlen an den Rand gedrängt, sie findet jeden Samstag um 19.25 Uhr in einem Fernsehstudio in Saarbrücken statt und wird per Livestream übertragen, man kann vorher im Internet oder am Kiosk einen Tippschein kaufen mit zwölf Feldern für 14,40 Euro plus Bearbeitungsgebühr, und für die besonders Faulen, die selbst für einen Millionengewinn keinerlei Eigeninitiative an den Tag zu legen bereit sind, gibt es sogar vorausgefüllte Scheine. In der Regel bleibt der Erwerb aber ohnehin folgenlos. Man wendet sich besser der Arbeit zu.

Und trotzdem ist das Leben oft genug ein Glücksspiel, eben ein verdecktes, und wir sind nur die Kandidaten, auch hier und heute, fern aller babylonischen Verwirrung. Selbst eine hypothetische, nahezu perfekte meritokratische Welt würde nämlich massiv aus den Fugen geraten, sobald man dem Zufall nur minimal Raum gewährt. Und wie meritokratisch ist unsere unperfekte Wirklichkeit schon?

Der Ökonom Robert H. Frank hat das in einer kleinen Simulation nachgewiesen. Mal angenommen, es gibt einen Wettbewerb mit 1000 teilnehmenden Personen, in dem allein die Leistung den Ausschlag gibt. Das Ergebnis würde völlig meritokratisch ausfallen: An der Spitze stünde der, der am meisten dafür getan hat.

So weit die Ausgangslage. So weit, so erwartbar.

Aber was, wenn man die Parameter nur leicht ändert?

Angenommen, die Leistung zählt nur noch zu 95 Prozent für das Ergebnis, die restlichen fünf Prozent unterliegen dem Zufall.

Einer Lotterie. Dem Glück. Plötzlich ist es unwahrscheinlich, dass der Beste das Rennen macht. Bei 1000 Teilnehmern gäbe es fast immer jemanden, der zwar weniger leistet, aber diesen Rückstand durch ein kleines bisschen mehr Glück wettmachen kann und den Besseren übertrumpft. Es sind so viele Mitbewerber im Spiel, dass es selbst bei einer so winzigen Wahrscheinlichkeit nahezu sicher wäre, dass stets ein Schlechterer dank eines kleinen Zufallsschubsers am Besseren vorbeizieht.[123] An der Spitze stünde jemand, der gut ist, aber definitiv nicht der, der am meisten geleistet hat.

Im Leben ist der Wettbewerb oft noch größer als in dieser kleinen Modellwelt mit 1000 Personen.

Und auch wenn wir vielleicht nicht mit mathematischer Sicherheit das tatsächliche Ausmaß des Zufalls im Leben ermitteln können: Es besteht doch Grund zur Annahme, dass der wahre Wert deutlich höher liegt als fünf Prozent.

Was also spräche dagegen, die implizite Lotterie gleich zu einer expliziten zu machen? Warum institutionalisieren wir nicht den Zufall, so wie in Borges' Babylon?

Etwas sträubt sich in einem. Man würde dieser Idee mit einer gewissen Verwunderung begegnen, irgendwie behagt der Gedanke nicht, den Menschen so ausdrücklich dem Losglück auszuliefern. Man spielt nicht mit solchen Fragen. Aber warum eigentlich nicht?

Die Menschen standen der Idee jedenfalls nicht immer so reserviert gegenüber. Blättert man im Geschichtsbuch, stößt man auf lauter Beispiele für munteres Auslosen und lebhaft praktizierten Zufallsextremismus. Da waren zum Beispiel die alten Sumerer und Ägypter, die glaubten, mit dem Los einem göttlichen Willen auf die Spur zu kommen. Eine Lotterie verbanden sie nicht mit nachlässigem Unernst in der Auswahl geeigneten

Personals. Im Gegenteil: Darin drückte sich aus damaliger Sicht besonders unverfälscht aus, was höhere Mächte für empfehlenswert hielten. Wenn es einer Gesellschaft wichtig war, war das Gewinnspiel das bevorzugte Entscheidungsinstrument. Bedeutende religiöse Ämter wurden in den frühen Hochkulturen regelmäßig ausgelost, und teilweise passiert das noch heute. Im koptischen Christentum etwa wird der Papst per Los aus drei Kandidaten ermittelt. Es gibt zwar eine durch Geistliche nach bestimmten Kriterien getroffene Vorauswahl, sodass nicht lauter schrullige Ketzer in der Schlussrunde hocken, das immerhin, aber der letzte Ausschlag soll menschlichen Erwägungen entzogen sein.

Man konnte nicht nur zur Lotterie finden, weil man auf die Allwissenheit der Götter setzte – sondern auch einfach dann, wenn man die Niedertracht der Mitmenschen im Zaum halten wollte. Die alten Griechen nutzten den Zufall in diesem Sinne in eher säkularer Absicht: Beamte wurden in Athen und anderen Städten teilweise exzessiv per Los bestimmt. Es war eine ganz praktische Antikorruptionsmaßnahme: Niemand kann um Ämter schachern, wenn sie verlost werden. Im Venedig der Renaissance wiederum belauerten sich die Patrizierfamilien obsessiv, und eine jede fürchtete ständig, die andere könnte die Macht an sich reißen, eine Dynastie errichten und ihre Herrschaft bis in alle Ewigkeit verlängern – sodass man zur Bestimmung des Dogen, des auf Lebenszeit regierenden Staatsoberhauptes, ein kompliziertes Wahlverfahren ersann, in dem Lotterie und Abstimmung kombiniert wurden. Die Familien trauten einander nicht über den Weg – aber so bedingungslos dann eben auch nicht dem Los.

Gut möglich, dass sich hier schon das moderne Unbehagen gegenüber dem Zufall ankündigte. Posten auszulosen – das passte jedenfalls mit Beginn der Aufklärung nicht mehr zu der

Vorstellung, dass der Mensch ein vernunftbegabtes Wesen ist und in der Lage, nach klaren Kriterien die beste Entscheidung für sich und andere zu treffen. Der Ausgang des Menschen aus der selbst verschuldeten Unmündigkeit konnte schlecht in der Selbstauslieferung an den Zufall bestehen – und beim Zettelziehen einfach Gottes höheres Wirken zu unterstellen, scheint heute nicht mehr besonders überzeugend. Gerade erst hatte man die Willkür und Beliebigkeit der ständischen Ordnung entlarvt – warum sollte man sie ausgerechnet durch eine Ordnung ersetzen, die den Zufall noch mehr zum Maß der Dinge erhob?[124] Der emanzipierte Mensch kann ja gern Lotto spielen, aber bitte nur in seiner Freizeit.

Es gibt viel, was gegen die optimistische Annahme spricht, dass der Mensch sein Schicksal komplett autonom selbst entwerfen könnte und in einer Meritokratie die Tüchtigen automatisch belohnt werden. Da strengt man sich an, aber die größten Vermögen werden dennoch per Los vergeben, einfach als Erbe an diejenigen, die das Glück hatten, in die richtige Familie geboren worden zu sein. Die großen Karrieren machen diejenigen, die über die günstigen Beziehungen verfügen, das passende Maß an Skrupellosigkeit aufbringen, die zur richtigen Zeit am richtigen Ort sind, deren Nachname mit A beginnt statt mit Z, deren Lieder zufällig zu einem frühen Zeitpunkt auf geneigte Hörer stoßen, deren Geburtstag günstig liegt. Das ist die Ausgangslage. Und nun? Mehr Glücksspiel wagen? Das erscheint bei der Diagnose nicht wie die geeignete Therapie.

VERSICHERUNGSVERTRETER AUS DER MORALPHILOSOPHIE

Weg mit dem Zufall, diesem störenden Biest: Viele kluge Philosophinnen und Philosophen zogen also los, um nach Lösungen zu suchen, wie man den Einfluss des puren Glücks auf das Wohlergehen der Menschen zurückdrängen, wie man die Lebenslotterie ein wenig fairer und weniger willkürlich machen könnte.

Eine der diskutierten Ideen besteht darin, die Zufälle möglichst umfassend in versicherbare Risiken zu verwandeln. Aus dem rohen, puren, unbeeinflussbaren und ungerechten Glück sollte optionales Glück werden, ein wählbares Schicksal also. Man entscheidet, ob man sich auf das Risiko einlassen will – wenn nicht, schließt man eine entsprechende Versicherung ab und bekommt zumindest eine Wiedergutmachung, falls es das Leben nicht gut mit einem meinen sollte. Die Willkür von Erfolg und Misserfolg wäre gebändigt, jedenfalls so weit es mit menschlichen Mitteln geht. Das war der Vorschlag von Ronald Dworkin, dem wohl einflussreichsten Versicherungsvertreter der Moralphilosophie.[125]

Aber selbstverständlich hätte man als Kunde ein paar Fragen an den Makler, wenn er bei einem im Wohnzimmer sitzt und die Police zur Unterschrift über den Couchtisch schiebt. Würde man denn wirklich alles relevante Lebenspech mit Versicherungen umzingeln und unschädlich machen können? Das Problem des Unvorhersehbaren ist ja eben: dass es unvorhersehbar ist. Manche Risiken sind kalkulierbar, aber andere völlig unbekannt, ehe sie dann wie aus dem Nichts auftreten. Was ist mit denen?

Schon bei den allseits bekannten Lebensrisiken fragt sich ja, wie informiert man im Vorfeld sein muss, um eine mündige Entscheidung zu treffen, für die man hinterher auch geradestehen kann. Und selbst wenn man es sich vorher gut überlegt und gegen alle möglichen Misserfolge Versicherungen abschließt: Mag sein, dass man nicht ins Bodenlose stürzt, aber stürzt man nicht trotzdem? Scheitert man nicht weiterhin, nur eben versichert und mit einem kleinen Ausgleich? Wäre der Gesichtsverlust im Falle der Niederlage wirklich zu vermeiden? Man kann gegen Arbeitslosigkeit versichert und trotzdem beschämt sein, wenn man den Job verliert. Man bekommt zwar Geld als Entschädigung für ein Pech, für das man nichts kann, aber wie bewahrt man die Würde?

Der Versuch, Glück und Pech im Leben in versicherbare Risiken zu verwandeln und damit zum frei wählbaren Schicksal zu machen, hat eine fast schon zynisch anmutende Tücke: Um erhobenen Hauptes das Mantra des erfolgreichen Scheiterns umzusetzen, kann man es im Prinzip tatsächlich nur machen wie der Schweizer Millionärszögling, der seinen Ferrari hat abfackeln lassen, oder der absichtlich in Unfälle verwickelte Autofahrer aus Kiel. Man scheitert dann planvoll und selbstbestimmt und könnte es als Chance betrachten, und alles, was es bräuchte, wäre nur eine weitere Versicherung, die einen davor schützt, wegen Versicherungsbetrugs belangt zu werden. Solange es die nicht gibt und auch noch die vielen weiteren ungeahnten Versicherungslücken bestehen bleiben, gibt es immer noch genug Gelegenheiten für bitteres, richtiges Scheitern, bei dem man sich dann weiterhin gedemütigt fühlen darf.

Der Versicherungsvorschlag kommt fast unbeholfen technisch daher, wie eine Tüftelei für Finanzmathematiker und Risikosachverständige, irgendwie zu nüchtern und profan, um so etwas Hohes wie die Gerechtigkeit auf Erden zu schaffen. Aber hinter dem Gedankenspiel steht eine grundlegende Idee: Einzig und allein

Faktoren, die wir selbst beeinflussen können, sollten über unseren Status entscheiden. Ungleichheit unter Menschen ist nur akzeptabel, wenn sie aus freien Stücken gewählt ist, und wo man nicht in der Lage ist, eine vernünftige Wahl zu treffen, muss man die Dinge durch ein paar Umwege zu etwas vernünftig Wählbarem machen. Nur Erfolge, die in unserem Verantwortungsbereich liegen, sind moralisch gerechtfertigt. Es soll niemand für etwas belohnt werden, wozu er nichts beigetragen hat. Vor allem soll niemand aus einer Laune des Schicksals heraus bestraft werden. Und wahrscheinlich ist es auch weniger die Aussicht, dass andere so ungerecht viel gewinnen können, was eine Lotterie wie die von Babylon so abschreckend macht, sondern die schwere Strafe, die man als Verlierer erleiden muss, ohne sich dagegen wehren zu können.

Der Intuition jedenfalls, dass Erfolge und Misserfolge auf frei getroffenen Entscheidungen beruhen sollen, würden viele Menschen wohl nickend zustimmen. Um dann, nach kurzem Nachdenken, auf lauter Beispiele zu stoßen, die von dem Leitsatz zwar gedeckt werden, aber doch unmöglich gemeint sein können.

Man stelle sich vor, ein angestammter Mitarbeiter mobbe nach Kräften eine neue Kollegin. Schnell ist die neue Kollegin wieder draußen, und der verdiente Mitarbeiter bekommt eine ersehnte Beförderung. Vielleicht hat er auch nur umgesetzt, was er im Managementseminar über das *Survival of the Fittest* im Biotop Büro gelernt zu haben meint. Hätte die Kollegin ja auch besuchen können, wenn ihr so viel am Verbleib im Unternehmen gelegen gewesen wäre. Man wird jedenfalls nicht bestreiten können, dass er etwas für seinen Erfolg getan hat. Aber was!

Oder erinnern wir uns an den Schuhmacher, mit dem der Erfolgskritiker Gustav Ichheiser seinen Punkt darlegen wollte. Ein brillanter Handwerker war dieser Schuster im Beispiel nicht, aber als Reklametreibender hat er zu seinem gut laufenden Geschäft aktiv beigetragen. Man kann ihm nicht vorwerfen, er hätte die Hände in den Schoß gelegt. Ist der Erfolg bereits gerechtfertigt, bloß weil er dem blanken Zufall enthoben ist?

Oder das »Music Lab«-Experiment: Offenbar hat die harte Arbeit, die Künstlerinnen und Künstler in ihre Songs stecken, kaum einen Einfluss auf die Marktchancen, das war die zentrale Erkenntnis, die Soziologen aus dem Versuch gewinnen konnten. Aber wer will, kann aus der Studie auch eine Art sehr grobe Bauanleitung für Hits herauslesen: Man muss nur geschickt genug eine Lawine in Gang setzen, bei der geneigte Hörer weitere anziehen. Ein Song braucht zum richtigen Zeitpunkt die richtigen Fürsprecher, denen die Herde dann folgt. Der Boss einer Plattenfirma könnte die Studie durchblättern, sich die Hände reiben und seine Marketingabteilung anweisen, gezielt zu versuchen, einflussreiche Blogger und Musikkritiker auf die jüngsten Songs aufmerksam zu machen und sie mit Vorabpremieren und exklusiven Zugängen zu umschmeicheln – alles in der Hoffnung, so eine Empfehlungskette zu initiieren, die das Stück tatsächlich zum Hit aufsteigen ließe. Und manche Werbemenschen haben sich inzwischen ja tatsächlich auf die verschiedensten Formen des viralen Marketings spezialisiert.

Spielt man nun mit den Regeln oder gegen sie?

Ein schönes Beispiel dafür, wie man sich mit viralen Methoden in den Graubereich manövriert, lieferte vor einigen Jahren die Hamburger FDP. Der Bürgerschaftswahlkampf lief, und die Partei wollte ihrem Werbespot im Netz Aufmerksamkeit verschaffen. Eine beauftragte Agentur schickte E-Mails an mehrere Blogger, die man offenbar für reichweitenstark und einflussreich hielt: Kennst du schon diesen grandiosen FDP-Spot? Wäre der nicht was für dein Blog? Der Absender: angeblich eine Privatperson namens Niklas Sörensen, ein einfacher Leser ohne Hintergedanken, der von einer gewöhnlichen Adresse eines Freemail-Anbieters schrieb. Nichts deutete auf eine Agentur und eine gezielte Kampagne hin. Einigen Adressaten kam diese scheinbar unverfängliche Nachricht dann doch etwas verdächtig vor. (Wer macht schließlich bei Wildfremden derart penetrant Werbung für Wahlspots, als handle es sich um die neusten Blockbuster?)

Am Ende jedenfalls kassierte die Partei für ihre verdeckte Marketingaktion eine Abmahnung und der verantwortliche Agenturchef bekannte erstaunlich arglos: »Wenn Mails von einer Werbeagentur kommen, dann werden sie weggeklickt, mit einer GMX-Adresse haben wir mehr Chancen, da reinzukommen.«[126] Was hätten sie denn machen sollen? Abwarten und Tee trinken und leistungslos darauf vertrauen, dass irgendwer am Wahltag schon das Kreuzchen bei der FDP machen wird? Niemand würde bestreiten, dass es sich bei der Kampagne um einen eigenverantwortlichen Versuch handelt, die Lage im politischen Wettbewerb zu verbessern.

Zumal eben schwer zu sagen ist, wie man es richtig hätte anstellen sollen: Was macht einen guten Politiker oder eine gute Politikerin aus? Woran bemisst sich die Qualität von Wahlprogrammen, deren Wesen bereits darin besteht, unter den Lagern umstritten zu sein? Und in weiten Teilen des gewöhnlichen Arbeitslebens der postindustriellen Ökonomie ist es nicht viel anders. Wenn die eindeutigen Leistungskriterien fehlen und dennoch der Anspruch auf Eigenverantwortlichkeit gewahrt bleiben soll, könnte man sich ja tatsächlich in einer Mischung aus Trotz, Zynismus und Gedankenlosigkeit auf den Standpunkt stellen und behaupten, dass die rein opportunistische Vorteilsuche bereits als Verdienstkriterium ausreicht. Man muss halt sehen, wo man bleibt.

Der Weisheit letzter Schluss scheint das alles also noch nicht zu sein. Vor allem dann nicht, wenn die Mittel, zu denen wir greifen, keinen Vorteil mehr brächten, sobald sich alle anderen ihrer ebenfalls bedienen würden. Der Erfolg eines Hits wäre wieder so unvorhersehbar wie zuvor, wenn plötzlich die ganze Branche den Mechanismus zu überlisten versuchte, auf den die Forscher im »Music Lab«-Experiment stießen. Wenn alle Parteien darauf setzen, mit verdeckten Mails an Politblogger ihre Spots zu pushen, wäre sofort wieder offen, welcher mit der meisten Aufmerksamkeit rechnen dürfte. Wo sich jeder auf die Zehenspitzen stellt, sieht niemand besser. Es gewinnt keiner mehr, wenn alle es versuchen.

Dummerweise hätten aber alle einen Anspruch darauf: Sie haben ja selbst was dafür getan.

Es braucht schon mehr als eine Rumpfmoral purer Eigenverantwortung.

ACHTUNG, RADIKALMERITOKRATIE!

Mal angenommen, die Menschen würden sich hinter einem Schleier des Nichtwissens versammeln, um eine gerechte Gesellschaft auszutüfteln. Niemand hat eine Ahnung, welchen Platz er darin einnehmen würde, ob er reich wäre oder arm, talentiert oder unbegabt, geschätzt oder verachtet. Zur Wahl stünde eine Lotterie wie in Babylon – oder eine Welt, in der der Einfluss des Zufalls mit chirurgischer Präzision herausgelöst ist und nur das zählt, was man tut.

Wahrscheinlich würden sich viele für die zweite Variante entscheiden, weil sie an ein Alltagsverständnis anknüpft, in dem die Idee der persönlichen Verantwortung für das eigene Geschick ja durchaus einen Platz hat: Wir leben mit dem mächtigen Gefühl, dass wir unseren Erfolg, zumindest in Teilen, in der Hand haben. Und wir werden unser Glück schon machen, wenn die ganzen unberechenbaren Störfaktoren nur sauber herausoperiert sind (oder zumindest wegversichert).

Nur muss man davon ausgehen, dass wir unsere Gewinnperspektive systematisch überschätzen, weil wir zu optimistische Vorstellungen über unsere Handlungsmacht haben. Unzählige Forschungsarbeiten belegen, dass wir dauernd dazu neigen, uns auf der vorteilhafteren Seite des Lebens zu wähnen: Überdurchschnittlich viele Studierende halten ihre Studienleistungen für überdurchschnittlich (87 Prozent laut einer Untersuchung), überdurchschnittlich viele Professoren halten wiederum ihre Lehrleistungen für überdurchschnittlich (94 Prozent laut einer an der University of Nebraska durchgeführten Befragung), im Straßenverkehr glauben mehr als die Hälfte aller Autofahrer, zu der Hälfte zu gehören, die sich am Steuer umsichtiger und versierter verhält als die andere Hälfte (in Zahlen: 97 Prozent), und bekanntlich stellen Yogapraktizierende mit ihren Übungen nicht ihr Ego auf lautlos, sondern betrachten sich ziemlich bald schon als überragende Großmeister der Achtsamkeit.[127] Selbst Gefängnisinsassen halten sich für überdurchschnittlich gute Menschen, für überdurchschnittlich freundlich, überdurchschnittlich moralisch, immerhin für überdurchschnittlich gesetzestreu halten sich die Verurteilten zwar nicht, aber erstaunlicherweise doch für genauso gesetzestreu wie der Durchschnittsbürger.[128]

Warum sollten wir nicht davon ausgehen, dass wir zu den Profiteuren zählen würden in einer Welt, die verspricht, dass ein sozialer Status in ihr durch eigenes Tun verdient werden kann? Warum also sollte man die Entscheidung über den Platz in der Gesellschaft einer Lotterie wie in Borges' Babylon überlassen wollen, bei der die Gewinnquoten für alle Teilnehmerinnen und Teilnehmer schwarz auf weiß feststehen und man sich definitiv nicht der Illusion hingeben kann, für einen selbst sähen die Chancen in diesem Spiel tendenziell stets besser aus als für den Rest?

So zuversichtlich man ist, was die Erfolgsaussichten des eigenen Tatendrangs angeht, wird man hinter dem Schleier des Nichtwissens dann aber wohl beim Beraten zumindest darin übereinkommen, dass man nicht jeden blanken Unfug als Verdienstkriterium gelten lassen kann: Man kann nicht eine Bürointrige als belohnungswürdig ansehen, nur weil sie ein Ausdruck der aktiven Gestaltung der Verhältnisse ist. Reine Übertrumpfungsversuche stoßen in Null-Summen-Situationen an Grenzen. Ein moralischer Anspruch soll aus einer sinnvollen Tätigkeit folgen. Und so kommt man beim Versuch, eine Antwort auf das Unbehagen der Zufälle zu finden, ziemlich schnell wieder bei der Idee der individuellen Leistung heraus.

Seltsamerweise hat sie sogar unter Linken ihre Fans, die davor warnen, das Prinzip der Leistungsgerechtigkeit bei allem Unmut über die großen sozialen Gegensätze vorschnell über Bord zu werfen, weil in meritokratischen Konzepten ja auch viel emanzipatorische Kraft stecke. Man könne zum Beispiel mit der Frage nach der zugrunde liegenden Leistung die Gehaltsexzesse von Managern problematisieren – was allerdings außer Acht lässt, dass man die Frage in der Praxis genau deswegen nicht stellt, damit man selbst sie nicht gestellt bekommt: Ist denn dein Status überhaupt durch eine entsprechende Leistung untermauert?

Man kann die horrenden Vermögen, die unter den Superreichen von einer Generation zur nächsten weitergegeben werden, als leistungsloses Einkommen geißeln. Aber Achtung: Was wäre denn dann mit Sozialtransfers wie der Arbeitslosenunterstützung? Ist die nicht ebenfalls leistungslos? In einer Meritokratie sitzen alle im Glashaus.

Die Philosophin Elizabeth Anderson hat in einer scharfen Kritik herausgearbeitet, dass die Kämpfer gegen die willkürliche Ungleichheit unbeabsichtigt die Arbeit ihrer eigenen politischen Gegner verrichten, indem sie so verbissen nach Möglichkeiten suchen, den Einfluss von Umständen und Zufällen zu neutralisieren. Der philosophische Feldzug gegen die Lotterie des Lebens wirkt wie erdacht von Konservativen, die sich als Linke verkleidet haben: eine Lehre, hochgehalten vom Wolf im Schafspelz.[129] Indem eine umverteilungsfreundliche Moralphilosophie die meritokratische Vorstellung unterschwellig aufnahm, hat sie sie nicht etwa entschärft, meint Anderson, sondern weiter radikalisiert.

Wer das pure Glück eliminieren will, landet, ohne es zu wollen, schnell in der totalen Meritokratie.

Ursprünglich ist die Meritokratie ein unausgegorenes Konzept, nicht ganz zu Ende gedacht, aber gerade deswegen eben auch ungemein praktisch. In der Idee vermischt sich Beeinflussbares und Gegebenes, worüber man nachlässig hinwegsah, weil ein bisschen Mehrdeutigkeit auch ganz hilfreich ist in den vielen Rechtfertigungssituationen im Alltag. Man kann bei der Selbstinszenierung immer jeweils die Seite hervorheben, die gerade nützlicher erscheint. Man hat gearbeitet wie ein Tier und bekommt dafür jetzt den gerechten Lohn. Wer könnte einem nehmen, wofür man so viel getan hat? Oder man erntet einfach die Früchte seines natürlichen Talents. Wer würde in Abrede stellen, dass man verdient hat, was so sehr Teil der eigenen Identität ist?

Dass wir nicht für beides gleichermaßen verantwortlich sind, kann man als intellektuelle Schludrigkeit geißeln, die aber zumindest auch der Unschärfe im Alltag entspricht: Wann kann man schon klar entscheiden, was am Erfolg auf selbst gewählte Anstrengung zurückgeht und was auf zugefallene Begabung?

»Für den Einfluss natürlicher Fähigkeiten auf die Einkommens- und Vermögensverteilung gibt es keine besseren Gründe als für den geschichtlicher und gesellschaftlicher Zufälle«, hatte etwa der Philosoph John Rawls geschrieben, der es ablehnte, Begabungen als Verdienst zu betrachten:

> *Denn wenn man einmal mit dem Einfluss entweder gesellschaftlicher als auch natürlicher Zufälle auf die Verteilung unzufrieden ist, dann wird man durch Nachdenken dazu geführt, mit beidem unzufrieden zu sein. Vom moralischen Gesichtspunkt aus erscheint beides als gleich willkürlich.*[130]

Wenn man sich daran stört, dass Status und Leistung in einer Wissensökonomie mit Superstarmustern immer mehr auseinanderfallen, und umso drängender der Meinung ist, dass wir nur für unsere Entscheidungen und nicht mehr für die Umstände zur Rechenschaft gezogen werden sollten, dann muss man das Amalgam, als das sich die Meritokratie bisher präsentiert, in seine Bestandteile zerlegen – was allerdings bizarre Folgen haben kann, wie Elizabeth Anderson in ihrer Kritik sehr anschaulich darlegt.

Wer arbeitslos wird, müsste zum Beispiel für den Anspruch auf Unterstützung nachweisen, dass es nicht am fehlenden Fleiß liegt, dass er keinen Job findet – sondern an einem Mangel an Begabung und Befähigung, für den er nicht verantwortlich zu machen ist. Man müsste sich also dazu bekennen, ein Taugenichts zu sein, um in den Genuss barmherziger Fürsorge zu kommen. Man dürfte nur als unmündiges Opfer der Umstände, das absolut selbst nichts für seine Lage kann, auf Zuwendungen hoffen. Erst wenn man sich selbst als talentlos und unbrauchbar anklagt, kann einem ein Ausgleich zugesprochen werden. Diese Idee eines Sozialstaates kann einem vorkommen wie ein unwürdiger Rückfall in eine Zeit, in der Almosen verteilt wurden an die Bedürftigen.

Dass Bewerber vor 200 Jahren ihre Misserfolge so offensiv als Argument für sich anführen konnten, lag wohl auch daran, dass sie sich in einer Gesellschaft der Ungleichen ihrer Unterlegenheit stets bewusst sein mussten. Was auf uns heute im ersten Moment wie ein erfrischend unverkrampfter Umgang mit dem Scheitern wirkt, ist eigentlich Ausdruck eines verinnerlichten Gefühls minderer Achtungswürdigkeit in vordemokratischen Zeiten – und eine Philosophie der Zufallseliminierung würde es wieder aufleben lassen. Es ist so intuitiv einleuchtend, dass in einer gerechten Welt Menschen nur für das belohnt und bestraft werden sollten, was in ihrem eigenen Verantwortungsbereich liegt. Aber das Programm hätte widersinnige Folgen: Die Verlierer stehen erst recht als unmündig da, sobald man penibel die nicht gewählten Umstände zu identifizieren versucht, die einen Ausgleich rechtfertigen.

Anderson malt die Situation plakativ aus: Die Gesellschaft lässt einen Verlierer mitleidlos in seiner Misere zurück, wenn es Hinweise auf Selbstverschulden gibt. Und wem die Gesellschaft ein Anrecht auf Entschädigung zubilligt, dem könnte sie mit dem Scheck, so Anderson, auch gleich einen erklärenden Begleitbrief mit den folgenden Worten schicken:

> *Leider schätzen andere Menschen das wenige nicht, das Sie in unserem Produktionssystem zu bieten haben. Ihre Talente sind zu dürftig, um einen großen Marktwert zu haben. Wegen des Unglücks, dass Sie so schlecht mit Talenten ausgestattet geboren wurden, werden wir Produktiven es wiedergutmachen: Wir lassen Sie an der Fülle dessen teilhaben, was wir mit unseren weit überlegenen und hochgeschätzten Fähigkeiten produziert haben.*[131]

Wer würde nicht den letzten Funken Selbstachtung verlieren, wenn er solche Briefe erhielte? Der Kampf gegen Zufälle, ungünstige Umstände und Glück mündet in einem ähnlich dystopischen Szenario, wie es Michael Young einst von der vollendeten Meritokratie zeichnete, nur mit dem kleinen Unterschied, dass die Gewinner bei Young sich befreit sahen von jeder Verantwortung für die Verlierer, während sie sich hier immerhin zu gönnerhaften Ausgleichszahlungen an die weniger Erfolgreichen verpflichtet fühlen – aber eben nur, wenn die ihre Unmündigkeit vorher minutiös nachgewiesen haben. Die Verlierer bleiben beschämt zurück, dafür können sich die Gewinner zusätzlich an dem Gefühl moralischer Überlegenheit erfreuen, weil sie den weniger Glücklichen geholfen haben: Wir guten und erfolgreichen Menschen lassen euch nicht im Stich, nur weil ihr Nichtsnutze seid. Aber eben auch genau deswegen: weil ihr es unbestritten seid.

Im ersten Moment ist es eine schöne Idee: Man gleicht all das unverdiente Glück aus, das zwischen den Menschen steht. Im zweiten Moment muss man dann feststellen: Auch entschädigte Verlierer werden sich immer noch wie Verlierer fühlen, unter Umständen gerade dann. Und Gewinner rücken mit dem Akt des Teilens nicht automatisch von ihrer Selbstgefälligkeit ab. Vielleicht bestärkt die vermeintlich gute Tat sie sogar noch darin.

Da räumt man also dem Zufall hinterher, in der irrigen Hoffnung auf eine geordnete und humane Gesellschaft. Und dann landet man, wenn man beim Entrümpeln überhaupt irgendwann einmal Licht sehen sollte, doch nur wieder in der Tyrannei der Meritokratie, diesmal blitzblank geputzt, angeblich milder, aber in Wahrheit mindestens ebenso erschreckend. Was stattdessen? Den Zufall nicht bekämpfen, sondern ihm den roten Teppich ausrollen?

Was am Leben in Babylon so sehr ängstigt, ist nicht nur, dass die Menschen darin aller Handlungsmöglichkeiten beraubt sind und sie zu passiven Empfängern des Schicksals degradiert werden. Unerträglich wird das Grauen auch durch die krasse Ungleichheit, die in Babylon herrscht und in die sich die Bürger ohne jede Gestaltungsmöglichkeit einfinden müssen. Die mächtige Lotterie kann einen zum Sklaven machen oder zum Prokonsul, sie kann einen ganz weit nach oben katapultieren oder sehr tief nach unten fallen lassen, und niemand kann sich gegen sein Los wehren. Die Lotterie ist unparteiisch, aber die Gesellschaft deswegen lange noch nicht gerecht.

Wahrscheinlich könnte man mit einer Lotterie leichter leben, wenn die Spanne zwischen Gewinn und Verlust nicht so himmelschreiend weit wäre. Wahrscheinlich könnte man auch mit einer Meritokratie, einer echten oder behaupteten, leichter leben, wenn überschaubar bliebe, was genau an der Leistung hängen soll.

Wir neigen dazu, für bestehende Ungleichheiten Rechtfertigungen zu suchen, selbst für die, die das Leben uns zugelost hat: Wer zufällig zum Star wird, ist wahrscheinlich erst einmal sprachlos und verwundert und dann bald geneigt, den Ruhm auf die persönliche Einzigartigkeit zurückzuführen, bestärkt durch die Kritikerinnen und Kritiker, die das ebenso tun. Wen die Umstände an die Spitze eines Unternehmens bringen, der macht dafür ungern die Umstände verantwortlich (oder nur aus Koketterie), er will das Ergebnis lieber als Ausdruck von Talent und Tatendrang verstanden wissen. »Der Glückliche begnügt sich selten mit der Tatsache des Besitzes seines Glückes«, schrieb einmal der Soziologe Max Weber.[132] »Er hat darüber hinaus das Bedürfnis: auch noch ein Recht darauf zu haben.«

Leistung führt nicht automatisch zu Erfolg – aber einen Erfolg, unseren eigenen und den der anderen, führen wir nachträglich schnell auf vermeintliche Leistungen zurück, damit er verdient und die Welt gerecht erscheint. Wir schließen, wie es in dem berühmten Gedicht von Christian Morgenstern heißt, messerscharf, dass nicht sein kann, was nicht sein darf. Das Leben ist oft genug eine heimliche Lotterie, die wir zur Meritokratie erklären – aber wahrscheinlich wäre selbst der Glaube an die Leistung weniger bitter und trotzig und käme leichter daher, wenn die Ungleichheiten, die sich aus ihr angeblich ergeben sollen, klein gehalten werden.

Offenbar geben wir die Vorstellung nicht mal so eben auf, dass wir unser Leben selbst in der Hand haben, denn in letzter Konsequenz müssten wir dann womöglich unsere Identität als hinfällig betrachten. Aber die Übertreibungen könnte man immerhin vermeiden. Muss ein Dax-Vorstand wirklich 38 mal so viel verdienen wie sein durchschnittlicher Angestellter? Fünfmal so viel wäre immer noch ein gewaltiger Vorsprung, und wahrscheinlich immer noch ein zu großer. Warum bringt es Elon Musk als der reichste Mensch der Welt im Jahr 2023 auf ein Vermögen von gut 200 Milliarden Dollar? Täte es nicht ein Zehntel davon? Oder ein Hundertstel? Oder noch viel weniger?

Es ist zu hart und erbarmungslos, wenn selbst die tiefsten Abstürze selbst verschuldet sein sollen. Und es lässt Menschen überschnappen, wenn sie selbst auf ihre irrwitzigsten Erfolge meinen ein Recht haben zu können. Erfolg ist ein moderner Selbstbetrug. Man entkommt ihm nicht so ganz. Aber zumindest das Ausmaß des Selbstbetrugs könnte man begrenzen. Und wie? Vielleicht gar nicht so sehr durch endlose Appelle zur Demut, vielleicht gar nicht so sehr durch die Betonung der Zufälligkeit so vieler Vorteile im Leben. Man denkt gern, dass Selbstaufklärung das beste Mittel wäre, um dem Selbstbetrug beizukommen. Man bemüht sich, ihn zu durchschauen, ihm nicht auf den Leim zu gehen, aber entkommt dem falschen Glauben an eine gerechte Welt trotzdem nicht. Und vielleicht führt es in eine Richtung, die man nicht will, wenn man versuchte, die Wirklichkeit dem Gerechtigkeitsglauben anzupassen, um so dem Betrug zu entgehen, die Dissonanz aufzulösen durch noch mehr meritokratisches Feintuning. Elizabeth Andersons Kritik an ihren philosophischen Zeitgenossen zeigt, wie irrig die Erwartung ist, dass die Gesellschaft milder und respektvoller würde oder die Ungleichheiten automatisch kleiner ausfielen, wenn man nur penibel sicherzustellen versuchte, dass alle Vor- und Nachteile des Lebens allein auf eigenverantworteter Leistung beruhen.

Der umgekehrte Weg ist vielleicht der aussichtsreichere: Man hebt die Löhne am unteren Ende an, begrenzt Einkommen und Reichtum nach oben, ebnet die Hierarchien ein, in der Politik, der Wirtschaft, der Kultur, der Arbeitswelt, man verflacht die Geltungsgefälle, wo immer sie sich auftun. Man tut all das, ganz egal, ob das nun dem Leistungsprinzip entspricht oder nicht. Das mag in den Details ein kompliziertes Unterfangen werden, aber es kann als grobe Richtschnur dienen. Man kämpft für Gleichheit auf allen Ebenen – und erhält als Nebeneffekt weniger meritokratische Selbstüberschätzung und mehr Rücksicht und Achtung.

Womöglich hat man zu allem Übel aber auch den Ehrgeiz neu entfacht, der alles gleich wieder bedroht. Alexis de Tocqueville wies in seiner Studie über die Demokratie in Amerika ja auf das Paradox hin, dass Menschen ihren Mitmenschen gerade in den Gesellschaften stets eine Nasenlänge voraus sein wollen, in denen sie einander auf Augenhöhe begegnen. Die Gefahr besteht. Aber vielleicht beruhen diese Übertrumpfungsversuche zu einem großen Teil auch auf der Erwartung, dass die Gleichheit ein bloß fragiler Ausgangszustand ist, aus dem ein jeder mit Statusgewinnen hervorgehen kann. Man muss daher stets neu um sie ringen, sie zurückerobern, damit der Ehrgeiz in gesundem Maße bleibt. Die Gleichheit auf die Startpositionen zu begrenzen, ist ihr Todesurteil.

Sie grundsätzlich hochzuhalten, ist auch deswegen nützlich, weil meritokratisches Feintuning in der Praxis eine ziemlich stockende Angelegenheit ist mit vielen Umsetzungsproblemen. Es kann zu einem mühseligen Unterfangen werden, klare Markierungen zwischen dem unverschuldeten Zufall und dem persönlichen Verantwortungsbereich einzuziehen, man gerät in ein aussichtsloses Stop-and-go und kommt beim moralischen Aufräumen kaum voran. Wir können nichts für unsere Existenz, wir sind nicht dafür verantwortlich, dass und mit welchen Eigenschaften wir auf die Welt gekommen sind, aber wir sind trotzdem verantwortlich für die Entscheidungen, die wir von da an treffen. Zugleich entzieht sich, was aus diesen Entscheidungen folgt, irgendwann wieder unserem Einfluss. In jedes selbstbestimmte Handeln greifen bald schon Zufälle ein, über die wir keine Kontrolle ausüben, und jeden Zufall kann man packen und für sich zu gestalten versuchen, bis sich wieder eine Kette in Gang setzt, die sich in neuen Zufällen verliert. Wir gewinnen in einem Glücksspiel, aber was wir daraus machen, liegt an uns, ehe es uns am Ende in der verwaschenen Welt wieder entgleitet.

In Borges' Babylon löst die immer mächtigere Lotterie bald wilde Spekulationen aus, teilweise auch Verschwörungserzählungen. Ein Teil der Bevölkerung ist nicht wirklich von der Überparteilichkeit der Lotterie überzeugt: Dinge zu verlosen, an denen so viel hängt, und alle beugen sich anstandslos dem Votum der Gewinnzahlen? Das ist zu irre, als dass es mit rechten Dingen zugehen kann, da wird doch sicher insgeheim gemogelt, da gibt es bestimmt Hintermänner, die das Spiel zu ihren Gunsten manipulieren.

Andere wiederum entwickeln einen Aberglauben und kultivieren seltsame Rituale, von denen sie annehmen, die Gewinnchancen ließen sich damit vergrößern. In gewissen Kreisen zum Beispiel wird es zum Brauch, Wünsche auf einen Zettel zu schreiben, den man vor der Ziehung in die Ritzen eines verfallenen Aquäduktes steckt. Dummer Hokuspokus, unvernünftiges, hilfloses magisches Denken. Doch es zeigt, die Menschen bemühen sich, die Kontrolle über ihr Handeln wiederzuerlangen. Jedenfalls lassen die Gerüchte einerseits und all die irrationalen und hexenhaften Beeinflussungsversuche andererseits das Vertrauen in einen fairen Prozess schwinden.

Die Lage im Land ist angespannt. Derart unter Druck, versucht die Lottogesellschaft, den Verdächtigungen und Vorhaltungen zu begegnen, so erzählt es Borges' Geschichte, indem sie den Zufall immer weiter optimiert – was an das Großbritannien des Jahres 2034 aus Michael Youngs Dystopie erinnert, wo die Regierung den aufflackernden Unmut missversteht und darauf blind nur eine Antwort geben kann: noch bessere Auswahltests, noch lückenlosere Leistungskontrolle, noch mehr Meritokratie. Bei Borges' Lotterie geschieht die Perfektionierung vom anderen Ende her: Das Glücksspiel wird ausgeweitet.

Mathematiker tüfteln an einem fehlerfreien Zufallsgenerator und schlagen vor, dass neben den regelmäßig neu ausgelosten sozialen Positionen auch die sich daran anschließenden Einzelfragen, über die die Menschen noch eine gewisse Entscheidungsautonomie hatten, ebenfalls per Los geklärt werden sollen. Bisher war es nämlich so: Man bekam eine Position zugewiesen, hatte dann bis zur nächsten Ziehung seine Ruhe und konnte mit dem Gewinn anstellen, was einem beliebte. Viel Spaß als Prokonsul, bis in 60 Tagen dann! Bringt das nicht neue Ungerechtigkeiten hervor? Der eine schlägt sich gut im Amt, beim anderen geht alles schief.

Man befindet jedenfalls, dass es nicht den Glücklichen selbst überlassen sein sollte, etwas aus dem Glück zu machen. Und auch beim Unglücklichen sollten die letzten Worte nicht gesprochen sein. Alle möglichen Verästelungen, die sich nach Erhalt des Gewinns ergeben, werden nach und nach zum Gegenstand weiterer Verlosungen gemacht. Es gibt die große 60-Tage-Verlosung, auf dem Ergebnis aufbauend Zwischenverlosungen, zwischen den Zwischenverlosungen weitere Zwischenverlosungen, Mikroverlosungen, Nanoverlosungen. Die Zahl der Ziehungen wird groß, größer, schließlich unendlich, was, um dem Missverständnis vorzubeugen, nicht unendliche Zeit voraussetzt, wie es in der Kurzgeschichte heißt, sondern nur unendlich teilbare Zeit. So wie man ja auch der Stoppuhr, mit der die Zeit der Marathonläufer bei den Olympischen Spielen gemessen wird, immer noch eine Dezimalstelle hinzufügen kann und noch eine und noch eine, bis sich schließlich selbst dann, wenn zwei Läufer fürs bloße Auge scheinbar gleichzeitig die Ziellinie erreichen, trotzdem immer klar ein Sieger ermitteln lässt.

Selbstverständlich ist der Aufwand in Babylon immens, damit in jeder Millisekunde weitere und wieder weitere Auslosungen untergebracht werden können. Die Lotterie wird mit der Zeit so kompliziert, dass nur noch Fachleute sie verstehen, die wiederum wegen der Bedeutung des Unterfangens und der bis in die kleinsten Ritzen des Lebens hineinreichenden Konsequenzen im Geheimen arbeiten müssen. Oder arbeiten sie gar nicht mehr?

In Babylon verbreitet sich das Gerücht, die Lottogesellschaft habe längst aufgehört zu existieren, schon vor Hunderten von Jahren, ganz still und unbemerkt. Vielleicht hat sie auch niemals existiert. Vielleicht ist all das nur eine Legende aus der Vergangenheit, nichts, was jemals real war, ein Mythos, erfunden, um die Menschen vor der Hybris zu bewahren, davor, auf ihre eigenen Erfolge hereinzufallen.

Aber wovon hängt das Glück und Unglück im Leben dann eigentlich ab? Was entscheidet über den Platz in der Gesellschaft, über Aufstieg und Abstieg? An was glauben die Menschen in Babylon, wenn die Auslosungen der Lotteriegesellschaft so kleinteilig geworden sind, dass mit jedem Wimpernschlag Hunderte, Tausende, Abertausende stattfinden? So viele, dass man sie nicht mehr als einzeln ausgelöste Zufallsereignisse im Namen der Gerechtigkeit wahrnimmt, sondern als einen steten Fluss, so wie man in einem Film die vielen eigentlich stillstehenden Bilder als zusammenhängende Bewegung sieht.

Wenn alles nur noch Glück ist, sind wir niemand mehr. Was passiert mit den Menschen in Babylon, wenn die Lotterie unsichtbar wird, so umfassend, dass es kein Außen mehr gibt?

Vielleicht beginnen sie an die Idee zu glauben, dass es ihre Talente und Taten sind, ihre Bemühungen und Begabungen, die sie vorantragen und denen sie am Ende, wenn sie sich gut anstellen, tatsächlich einen gerechten Platz im Leben zu verdanken haben.

ANMERKUNGEN UND QUELLEN

Alle Onlinequellen zuletzt aufgerufen am 30.01.2024.

1 Phạm, Khuê (2023): Kevin Spacey, der Angeklagte. Zeit Magazin vom 14. Juni 2023. www.zeit.de/zeit-magazin/2023/26/me-too-kevin-spacey-anklagen-house-of-cards-anthony-rapp

2 Video der Tiktokerin Dana Rosa: www.tiktok.com/@danarosa.music/video/7286075223953132832

3 Bild.de am 4. November 2023: www.bild.de/ratgeber/2023/ratgeber/gen-z-die-generation-jammerlappen-arsch-hoch-und-ranklotzen-85975688.bild.html

4 Interview von Stefan Braun mit Steffen Kampeter, Hauptgeschäftsführer der Bundesvereinigung der Deutschen Arbeitgeberverbände (BDA): »Wir brauchen mehr Bock auf Arbeit«. Table.Berlin, 23. Februar 2023. https://table.media/berlin/analyse/wir-brauchen-mehr-bock-auf-arbeit/

5 Blome, Nikolaus (2023): Willkommen in der Flauschokratie, ihr Lappen. Kolumne vom 3. Juli 2023 auf spiegel.de. https://www.spiegel.de/politik/deutschland/bundesjugendspiele-willkommen-in-der-flauschokratie-ihr-lappen-kolumne-a-8b99c571-4576-490e-ab55-9d518f890ae1

6 Kramer, Bernd (2023): Die Generation Z will Karriere machen. Süddeutsche Zeitung vom 22. Mai 2023. www.sueddeutsche.de/wirtschaft/generation-z-karriere-arbeit-1.5874239

7 Zum Beispiel: Amlinger, Carolin, Nachtwey, Oliver (2022): Gekränkte Freiheit. Aspekte des libertären Autoritarismus. Berlin

8 Scheler, Max (1915): Das Ressentiment im Aufbau der Moralen. In: Scheler, Max: Abhandlungen und Aufsätze. Erster Band, Leipzig, S. 58

9 Schwarzenegger, Arnold (2023): Be useful. Sieben einfache Regeln für ein besseres Leben. Köln

10 Faflick, Philip (1978) SAMO Graffiti: BOOSH-WAH or CIA. The Village Voice vom 11. Dezember 1978. www.villagevoice.com/jean-michel-basquiat-and-the-birth-of-samo/
11 Kane, Ashleigh (2017): The story of SAMO©, Basquiat's first art project. Dazed vom 6. September 2017. www.dazeddigital.com/art-photography/article/37058/1/al-diaz-on-samo-and-basquiat
12 Pogrebin, Robin, Reyburn, Scott (2017): A Basquiat Sells for 'Mind-Blowing' $110.5 Million at Auction. The New York Times vom 18. Mai 2017. www.nytimes.com/2017/05/18/arts/jean-michel-basquiat-painting-is-sold-for-110-million-at-auction.html
13 Potthast, Jan Björn (2023): Luftfahrtpionier Richard Pearse. Website des Deutschen Patent- und Markenamtes. www.dpma.de/dpma/veroeffentlichungen/meilensteine/flugpioniere/richardpearse/index.html
14 Mitteldeutscher Rundfunk (2021): Thomas Edison und seine Glühbirne. Website des MDR vom 28. Januar 2021. www.mdr.de/geschichte/weitere-epochen/neuzeit/thomas-edison-gluehbirne-elektrizitaet-102.html
15 Mannheim, K. (2023): Über das Wesen und die Bedeutung des wirtschaftlichen Erfolgsstrebens. Ein Beitrag zur Wirtschaftssoziologie. In: Barboza, A., Lichtblau, K. (Hrsg.): Schriften zur Wirtschafts- und Kultursoziologie. Klassiker der Sozialwissenschaften. Springer VS, Wiesbaden, S. 179. https://doi.org/10.1007/978-3-658-41108-4_5
16 Gebauer, J. E., Nehrlich, A. D., Stahlberg, D., Sedikides, C., Hackenschmidt, A., Schick, D., Stegmaier, C. A., Windfelder, C. C., Bruk, A., Mander, J. (2018): Mind-Body Practices and the Self: Yoga and Meditation Do Not Quiet the Ego but Instead Boost Self-Enhancement. Psychological Science, 29(8), 1299–1308. https://doi.org/10.1177/0956797618764621
17 Gebauer, J. E., Nehrlich, A. D., Stahlberg, D., Sedikides, C., Hackenschmidt, A., Schick, D., Stegmaier, C. A., Windfelder, C. C., Bruk, A., Mander, J. (2018): Mind-Body Practices and the Self: Yoga and Meditation Do Not Quiet the Ego but Instead Boost Self-Enhancement. Psychological Science, 29(8), 1299–1308. https://doi.org/10.1177/0956797618764621
18 Goebel, E. (2020): Ehrgeiz. Leiden: Brill | Fink. https://doi.org/10.30965/9783846765982
19 Musil, Robert (2014 [1937]): Über die Dummheit. Stuttgart, S. 22
20 Ross, L. D., Amabile, T. M., Steinmetz, J. L. (1977): Social roles, social control, and biases in social-perception processes. Journal of Personality and Social Psychology, 35(7), 485–494. https://doi.org/10.1037/0022-3514.35.7.485

21 Tocqueville, Alexis de (1899): Why the Americans are so Restless in the Midst of their Prosperity. In: Tocqueville, Alexis de: Democracy in America. Übersetzung d. Autors. www.gutenberg.org/files/816/816-h/816-h.htm

22 Tocqueville, Alexis de (1899): Why so many Ambitious Men and so Little Lofty Ambition are to be Found in The United States. In: Tocqueville, Alexis de: Democracy in America. Übersetzung d. Autors. www.gutenberg.org/files/816/816-h/816-h.htm

23 Tocqueville, Alexis de (1899): That The Aspect Of Society In The United States Is At Once Excited And Monotonous. In: Tocqueville, Alexis de: Democracy in America. Übersetzung d. Autors. www.gutenberg.org/files/816/816-h/816-h.htm

24 Tocqueville, Alexis de (1899): Why so many Ambitious Men and so Little Lofty Ambition are to be Found in The United States. In: Tocqueville, Alexis de: Democracy in America. Übersetzung d. Autors. www.gutenberg.org/files/816/816-h/816-h.htm

25 Tocqueville, Alexis de (1899): Why so many Ambitious Men and so Little Lofty Ambition are to be Found in The United States. In: Tocqueville, Alexis de: Democracy in America. Übersetzung d. Autors. www.gutenberg.org/files/816/816-h/816-h.htm

26 Young, Michael (2001): Down with meritocracy. The Guardian vom 29. Juni 2001.
www.theguardian.com/politics/2001/jun/29/comment

27 Baarck, Julia, Dolls, Mathias, Unzicker, Kai, Windsteiger, Lisa (2022): Gerechtigkeitsempfinden in Deutschland. Bertelsmann-Stiftung. https://doi.org/10.11586/2022129

28 Mijs, J. J. B. (2018): Visualizing Belief in Meritocracy, 1930–2010. Socius, 4. https://doi.org/10.1177/2378023118811805

29 Mau, Steffen, Thomas Lux, Westheuser, Linus (2023): Triggerpunkte. Konsens und Konflikt in der Gegenwartsgesellschaft. Berlin, S. 87

30 Goldfarb, Clifford (2012): Arthur Conan Doyle and the Dorando Affair. Journal of Olympic History, 33–44. http://isoh.org/wp-content/uploads/JOH-Archives/JOHv20n1k.pdf

31 Verheyen, Nina (2018): Die Erfindung der Leistung. München, S. 92

32 Ergebnisse des Marathonlaufs von 1908 laut olympeida.org.
www.olympedia.org/results/56369

33 Goldfarb, Clifford (2012): Arthur Conan Doyle and the Dorando Affair. Journal of Olympic History, 33–44. http://isoh.org/wp-content/uploads/JOH-Archives/JOHv20n1k.pdf

34 Young, Michael (1994 [1958]): The Rise of the Meritocracy, New York, S. 84

35 Jefferson, Thomas (1813): Brief an John Adams vom 28. Oktober 1813. The Founders' Constitution, Volume 1, Chapter 15, Document 61. The University of Chicago Press.
https://press-pubs.uchicago.edu/founders/documents/v1ch15s61.html

36 Weiss, R. (1976): Die Zuverlässigkeit der Ziffernbenotung bei Aufsätzen und Rechenarbeiten. In: Ingenkamp, Karlheinz (Hrsg.): Die Fragwürdigkeit der Zensurengebung. 6. Auflage, Weinheim: Beltz, S. 104–116. Zitiert nach: Lichtenauer, Johanna Theresa (2020): Der Einfluss der Lehrperson auf die Benotung im Fach Betriebswirtschaftslehre. Diplomarbeit, S. 48. https://epub.jku.at/obvulihs/download/pdf/5213978

37 Verheyen, Nina (2018): Die Erfindung der Leistung. München

38 Bröckling, Ulrich (2014): Wettkampf und Wettbewerb. Semantiken des Erfolgs zwischen Sport und Ökonomie. Leviathan, 42. Jg., Sonderband 29/2014, S. 71–81. www.soziologie.uni-freiburg.de/personen/broeckling/wettkampf-und-wettbewerb-leviathan-sonderband.pdf

39 Hayek, F. A. von (1983): Die Verfassung der Freiheit. Tübingen, S. 114. Zitiert nach: Berger, J. (2003): Sind Märkte gerecht? Zeitschrift für Soziologie, 32(6), 462–473. https://doi.org/10.1515/zfsoz-2003-0601

40 Verheyen, Nina (2018): Die Erfindung der Leistung. München, S. 57 ff.

41 Gladwell, Malcolm (2008): Outliers. The Story of Success, S. 20 ff.

42 Barnsley, RH, Thompson, AH, Barnsley, PE (1985): Hockey success and birthdate: The relative age effect. Canadian Association of Health, Physical Education and Recreation (CAHPER) Journal 51: 23–28. www.researchgate.net/publication/284328248_Hockey_success_and_birthdate_The_relative_age_effect

43 Götze, Martin, Hoppe, Mathias (2021): Relative Age Effect in Elite German Soccer: Influence of Gender and Competition Level. Frontiers in Psychology, https://doi.org/10.3389/fpsyg.2020.587023. Die aktuellen Geburtsdaten der Nationalspielerinnen und Nationalspieler findet man unter www.dfb.de/die-mannschaft/team/ sowie unter www.dfb.de/frauen-nationalmannschaft/team/

44 Zweck, Axel, Holtmannspötter, Dirk, März, Anna (2022): Relativer Alterseffekt – Werden die Jüngsten eines Jahrgangs in Sport und Schule benachteiligt? VDI Technologiezentrum (Hrsg.), VDI Research Paper, Düsseldorf. https://www.vditz.de/service/publikationen/details/relativer-alterseffekt
Sykes, Elizabeth, Bell, John F., Vidal Rodeiro, Carmen (2009): Birthdate Effects: A Review of the Literature from 1990-on.
http://www.cambridgeassessment.org.uk/images/109784-birthdate-effects-a-review-of-the-literature-from-1990-on.pdf

Fukunaga, Hisanori, Taguri Masataka, Morita Satoshi (2013): Relative age effect on Nobel laureates in the UK. JRSM Short Reports. https://doi.org/10.1177/2042533313492514
Du, Qianqian, Gao, Huasheng, Levi, Maurice D. (2012: The relative-age effect and career success: Evidence from corporate CEOs. Economics Letters. https://doi.org/10.1016/j.econlet.2012.08.017
Hufschmid, Samuel (2017): Relativer Alterseffekt: Geburtsmonat beeinflusst Karrierechancen. Artikel in der »bz – Zeitung für die Region Basel« vom 29. Oktober 2017.
www.bzbasel.ch/basel/basel-stadt/relativer-alterseffekt-geburtsmonat-beeinflusst-karrierechancen-ld.1461138
45 Einav, Liran, Yariv, Leeat (2006): What's in a Surname? The Effects of Surname Initials on Academic Success. Journal of Economic Perspectives, 20 (1): 175–187. https://doi.org/10.1257/089533006776526085
46 Tilburg, W. van, Igou, E. R. (2014): The impact of middle names: Middle name initials enhance evaluations of intellectual performance. European Journal of Social Psychology, 44(4), 400–411. https://doi.org/10.1002/ejsp.2026
47 Bruine de Bruin, Wändi (2005): Save the last dance for me: unwanted serial position effects in jury evaluations. Acta Psychologica, Volume 118, Issue 3. https://doi.org/10.1016/j.actpsy.2004.08.005
48 Sutter, Matthias (2022): Warum ein Platz hinten bei der Bewerbung besser ist. Gastbeitrag in »Der Standard« vom 25. April 2022. www.derstandard.de/story/2000135122298/warum-ein-platz-hinten-bei-der-bewerbung-besser-ist
49 Frank, Robert H. (2016): Success and Luck. Good Fortune and the Myth of Meritocracy, Princton
50 Krueger, Alan B. (2005): The Economics of Real Superstars: The Market for Rock Concerts in the Material World. Journal of Labor Economics, 1–30. https://doi.org/10.1086/425431
51 Rosenzweig, Mathias (2016): Meet Billie Eilish, Pop's Next It Girl. Interview in »Vogue« vom 9. August 2016. https://www.vogue.com/article/billie-eilish-pops-next-it-girl
52 Rosenzweig, Mathias (2016): Meet Billie Eilish, Pop's Next It Girl. Interview in »Vogue« vom 9. August 2016. https://www.vogue.com/article/billie-eilish-pops-next-it-girl
53 Musikblogger Chad Hillard am 1. Dezember 2018 bei Twitter: »Ich habe ›Ocean Eyes‹ gefunden, als es etwa 100 mal auf SoundCloud gespielt worden ist.« Übersetzung d. Autors. https://twitter.com/chadhillydilly/status/1068927646174572544.

Blogeintrag von Chad Hillard im November 2015, verfügbar über archive.org: https://web.archive.org/web/20151205051523/https://www.hillydilly.com/2015/11/billie-eilish-ocean-eyes-fingers-crossed/

54 Rosenzweig, Mathias (2016): Meet Billie Eilish, Pop's Next It Girl. Interview in »Vogue« vom 9. August 2016. https://www.vogue.com/article/billie-eilish-pops-next-it-girl

55 AFP-Meldung: Billie Eilish singt nächstes James-Bond-Titellied. In »Die Welt« vom 16. Januar 2020. www.welt.de/vermischtes/article205030630/Billie-Eilish-singtneuen-James-Bond-Song-mit-nur-18-Jahren.html

56 Badenhausen, Kurt et al. (2020): The World's Highest-Paid Celebrities. Artikel auf forbes.de. www.forbes.com/celebrities/

57 Tocqueville, Alexis de (1899): Why so many Ambitious Men and so Little Lofty Ambition are to be Found in The United States. In: Tocqueville, Alexis de: Democracy in America. Übersetzung d. Autors. www.gutenberg.org/files/816/816-h/816-h.htm

58 Dallach, Christoph (2012): Tote Helden leben länger. Filmbesprechung vom 26. Oktober 2012 auf spiegel.de www.spiegel.de/kultur/musik/rodriguez-searching-for-sugar-manoriginal-motion-picture-soundtrack-a-863420.html

59 Zahlen gemäß Soundcloud-Pressemitteilung vom 21. Juli 2022: »SoundCloud and Warner Music Group Announce Global Licensing Deal Bringing Fan-Powered Royalties to Major Label Artists«. https://press.soundcloud.com/216750-soundcloud-and-warner-music-group-announce-global-licensing-deal-bringing-fan-poweredroyalties-to-major-label-artists

60 Salganik, M. J., Dodds, P. S., Watts, D. J. (2006): Experimental Study of Inequality and Unpredictability in an Artificial Cultural Market. Science, 311(5762), 854–856. https://doi.org/10.1126/science.1121066. Salganik, M. J., Watts, D. J. (2008): Leading the Herd Astray: An Experimental Study of Self-fulfilling Prophecies in an Artificial Cultural Market. Social Psychology Quarterly, 71(4), 338–355. https://doi.org/10.1177/019027250807100404

61 Ichheiser, Gustav (1970 [1930]): Kritik des Erfolgs. Eine soziologische Untersuchung, Rotdruck, S. 9

62 Hillmert, S. (2019): Meritokratie als Mythos, Maßstab und Motor gesellschaftlicher Ungleichheit. Tübingen. https://doi.org/10.13140/RG.2.2.20954.70081

63 Ichheiser, Gustav (1970 [1930]): Kritik des Erfolgs. Eine soziologische Untersuchung, Rotdruck, S. 17 f.

64 Ichheiser, Gustav (1970 [1930]): Kritik des Erfolgs. Eine soziologische Untersuchung, Rotdruck, S. 18

65 Rosenzweig, Mathias (2016): Meet Billie Eilish, Pop's Next It Girl. Interview in »Vogue« vom 9. August 2016. https://www.vogue.com/article/billie-eilish-pops-next-it-girl

66 Piff, Paul (2023): Macht Geld fies und gemein? Ted-Talk vom Oktober 2023. www.ted.com/talks/paul_piff_does_money_make_you_mean?language=de

67 Piff, PK, Stancato, DM, Côté, S, Mendoza-Denton, R, Keltner, D (2012): Higher social class predicts increased unethical behavior. Proc Natl Acad Sci U S A. 2012 Mar 13;109(11):4086–91. https://doi.org/10.1073/pnas.1118373109

68 Liere, Judith (2022): »Ich habe mir nicht die Radikalität erlaubt, die ich gebraucht hätte«. Interview mit Judith Holofernes im Zeit-Magazin vom 14. September 2022. www.zeit.de/zeit-magazin/2022/38/judith-holofernes-musikerin-karriere

69 Duguid, M. M., Goncalo, J. A. (2012): Living Large: The Powerful Overestimate Their Own Height. Psychological Science, 23(1), 36–40. https://doi.org/10.1177/0956797611422915

70 Lee, E. H., Schnall, S. (2014): The influence of social power on weight perception. Journal of Experimental Psychology: General, 143(4), 1719–1725. https://doi.org/10.1037/a0035699

71 Van Kleef, G. A., Oveis, C., Homan, A. C., Van der Löwe, I., Keltner, D. (2015): Power Gets You High: The Powerful Are More Inspired by Themselves Than by Others. Social Psychological and Personality Science, 6(4), 472–480. https://doi.org/10.1177/1948550614566857

72 McIntosh, Peggy (1989): White Privilege: Unpacking the Invisible Knapsack. Online verfügbar unter https://nationalseedproject.org/Key-SEED-Texts/white-privilege-unpacking-the-invisible-knapsack

73 Koo, H. J., Piff, P. K., Shariff, A. F. (2022): If I Could Do It, So Can They: Among the Rich, Those With Humbler Origins are Less Sensitive to the Difficulties of the Poor. Social Psychological and Personality Science, 0(0). https://doi.org/10.1177/19485506221098921

74 Tocqueville, Alexis de (1899): How Democracy affects the relation of Masters and Servants. In: Tocqueville, Alexis de: Democracy in America. Übersetzung d. Autors. www.gutenberg.org/files/816/816-h/816-h.htm

75 Tocqueville, Alexis de (1899): How Democracy affects the relation of Masters and Servants. In: Tocqueville, Alexis de: Democracy in America. www.gutenberg.org/files/816/816-h/816-h.htm

76 Dankesrede von Billie Eilish bei den Grammys 2021. Online verfügbar unter www.youtube.com/watch?v=-HiTK1_yp3M&t=232s

77 Mai, Jochen (2023): Dankbarkeit lernen: 6 gute Gründe + 5 geniale Tipps. Beitrag auf der Seite karrierebibel.de. https://karrierebibel.de/dankbarkeit/

78 Winfrey, Oprah (2012): What Oprah Knows for Sure About Gratitude. Artikel in »O, The Oprah Magazine« vom November 2012. https://www.oprah.com/spirit/oprahs-gratitude-journal-oprah-on-gratitude

79 Oprah Winfrey am 3. Oktober 2011 auf Facebook. www.facebook.com/oprahwinfrey/posts/be-thankful-for-what-youhave-and-youll-end-up-having-more-if-you-concentrateon/10150372378472220/

80 Simmel, Georg (1907): Dankbarkeit. Ein soziologischer Versuch. Der Morgen, Wochenschrift für deutsche Kultur, 593-598. https://socio.ch/sim/verschiedenes/1907/dankbarkeit.htm

81 Freud, Sigmund (1946): Einige Charaktertypen aus der psychoanalytischen Arbeit. In: Gesammelte Werke Band X, London. www.irwish.de/PDF/Psychologie/Freud/Freud-Einige_Charaktertypen_aus_der_psychoanalytischen_Arbeit.pdf

82 Kell, H. J., McCabe, K. O., Lubinski, D., Benbow, C. P. (2022): Wrecked by Success? Not to Worry. Perspectives on Psychological Science, 17(5), 1291–1321. https://doi.org/10.1177/17456916211055637

83 Bernau, Patrick (2023): Reichtum macht doch glücklich. Artikel in der FAZ vom 18. März 2023. www.faz.net/aktuell/wirtschaft/studie-hoeheres-einkommen-steigert-glueck-fast-unbegrenzt-18738221.html

84 Lerner, Melvin (1980): The Belief in a Just World. A Fundamental Delsion. New York, S. 4 ff. https://doi.org/10.1007/978-1-4899-0448-5

85 Lerner, Melvin (1980): The Belief in a Just World. A Fundamental Delsion. New York, S. 31–38. https://doi.org/10.1007/978-1-4899-0448-5

86 Lerner, Melvin (1980): The Belief in a Just World. A Fundamental Delsion. New York, S. 39–53. https://doi.org/10.1007/978-1-4899-0448-5

87 Sandel, Michael (2020): Vom Ende des Gemeinwohls. Wie die Leistungsgesellschaft unsere Demokratien zerreißt, Frankfurt am Main, S. 62

88 Callan, M. J., Powell, N. G., Ellard, J. H (2007): The Consequences of Victim Physical Attractiveness on Reactions to Injustice. The Role of Observers' Belief in a Just World. Soc Just Res 20, 433–456. https://doi.org/10.1007/s11211-007-0053-9

89 Callan, M. J., Kay, A. C., Davidenko, N., Ellard, J. H. (2009): The effects of justice motivation on memory for self- and other-relevant events. Journal of Experimental Social Psychology, 45(4), 614–623. https://doi.org/10.1016/j.jesp.2009.02.013

90 Callan, M. J., Harvey, A. J., Dawtry, R. J., Sutton, R. M. (2013): Through the looking glass: Focusing on long-term goals increases immanent jus-

tice reasoning. Br. J. Soc. Psychol., 52: 377–385. https://doi.org/10.1111/bjso.12022

91 Mijs, J. J. B. (2018): Visualizing Belief in Meritocracy, 1930–2010. Socius, 4. https://doi.org/10.1177/2378023118811805. Mijs, J. J. B. (2022): Merit and ressentiment: How to tackle the tyranny of merit. Theory and Research in Education, 20(2), 173–181. https://doi.org/10.1177/14778785221106837. Mijs, J. J. B. (2021): The paradox of inequality: Income inequality and belief in meritocracy go hand in hand. Socio-Economic Review 19(1): 7–35. https://doi.org/10.1093/ser/mwy051

92 Windsteiger, L. (2022): The redistributive consequences of segregation and misperceptions. European Economic Review, 144, 104 073. https://doi.org/10.1016/j.euroecorev.2022.104073 Ab 2007: https://wid.world/country/germany/

93 Mijs, J. J. B. (2021): The paradox of inequality: Income inequality and belief in meritocracy go hand in hand. Socio-Economic Review, 19(1), 7–35, S. 14. https://doi.org/10.1093/ser/mwy051

94 Windsteiger, L. (2022): The redistributive consequences of segregation and misperceptions. European Economic Review, 144, 104 073. https://doi.org/10.1016/j.euroecorev.2022.104073 57

95 Lerner, Melvin (1980): The Belief in a Just World. A Fundamental Delusion. New York, S. 23. https://doi.org/10.1007/978-1-4899-0448-5

96 Tüngler, Marc, Hölzl, Christiane, Friedl, Gunther (2023): HDSW/TUM-Vorstandsvergütungsstudie 2023 – Teil 1. https://mediatum.ub.tum.de/doc/1724556/1724556.pdf

97 Weckes, Marion (2018): Manager to Worker Pay Ratio 2017. Das Verhältnis der Vorstandsvergütung zur Mitarbeitervergütung im DAX 30. Hans-Böckler-Stiftung. www.boeckler.de/fpdf/HBS-006932/p_mbf_report_2018_44.pdf

98 Statistisches Bundesamt: Verdienste nach Branchen und Berufen. www.destatis.de/DE/Themen/Arbeit/Verdienste/Verdienste-Branche-Berufe/_inhalt.html
Bundesregierung (2023): Fragen und Antworten zum Mindestlohn. www.bundesregierung.de/breg-de/aktuelles/mindestlohn-faq-1688186

99 Schimank, U. (2018): Leistung und Meritokratie in der Moderne. In: Reh, S., Ricken, N. (Hrsg.): Leistung als Paradigma. Springer VS, Wiesbaden. https://doi.org/10.1007/978-3-658-15799-9_2

100 Stefan, Melanie (2010): A CV of failures. Nature. https://doi.org/10.1038/nj7322-467a

101 Eine Nutzerin bei Linkedin: https://www.linkedin.com/posts/swetlana-sch%C3%B6lzel-29a34a203_mein-cvoffailures-inspiriert-von-activity-6974596438412423168-FIhB/

102 Lebenslauf von Bradley Voytek, Professor an der University of California: https://voyteklab.com/assets/pdfs/members/voytek_cv.pdf

103 »CV of failures« von Kai Brodersen, Professor an der Uni Erfurt. www.uni-erfurt.de/philosophische-fakultaet/seminare-professuren/his torisches-seminar/professuren/antike-kultur/kai-brodersen/person/cv-of-failures

104 »CV of failures« von Johannes Haushofer. http://johanneshaushofer.com/wp-content/uploads/2023/12/Johannes_Haushofer_CV_of_Failures.pdf

105 Podcast »fail forward«: Melanie Stefan über den CV of Failures – Scheitern in der Wissenschaft. https://soundcloud.com/user-842667963 melanie-stefan-uber-dencv-of-failures-scheitern-in-der-wissenschaft

106 Gersemann, Olaf (2016): Verlieren ist doch Mist. Artikel in der »Welt« vom 28. August 2016. www.welt.de/print/wams/wirtschaft/article157880573/Verlieren-istdoch-Mist.html

Thelen, Frank (2019): Frank Thelen fordert Zeit für Mut. Gastbeitrag in der Süddeutschen Zeitung vom 11. November 2019. www.sueddeutsche.de/wirtschaft/frank-thelen-digitalisierung-1.4676968

dpa-Meldung: Firmenpleiten: Start-up-Verband fordert »Zweite Chance«. Meldung auf zeit.de vom 18. April 2017.
https://www.zeit.de/news/2017-04/18/unternehmen-firmenpleiten-start-up-verband-fordert-zweite-chance-18090005

Dirmaier, Valentina (2016): Runtastic-Gründer: »Brauchen eine Kultur des Scheiterns«. Interview mit Florian Gschwandtner auf OÖNachrichten vom 18. November 2016. www.nachrichten.at/wirtschaft/wirtschaftsraumooe/Runtastic-Gruender-Brauchen-eine-Kultur-des-Scheiterns;art467,2406591

Vorab-Mitteilung der Neuen Osnabrücker Zeitung vom 18. September 2020: Lars Eidinger über Shitstorms und Tabus: Wir werden verstummen. www.presseportal.de/pm/58964/4710001

»Lars Eidinger – Sein oder nicht sein«. Bericht auf allesmuenster.de vom 28. März 2023 über eine Filmpremiere mit Lars Eidinger.
www.allesmuenster.de/lars-eidinger-sein-oder-nicht-sein/

Herpell, Gabriela (2020): Woher die Tränen? Interview mit Lars Eidinger in DB Mobil 3/2020. https://dbmobil.de/fileadmin/dbmobil/Default/PDF/DBMobil_2003.pdf

107 Sculpture International Rotterdam: Infotext über das Kunstwerk Formula B von Job Koelewijn. www.sculptureinternationalrotterdam.nl/en/collection/formula-b-en/
108 Interview mit Daniel Radcliffe im »Time Out London magazine« vom 3. Juni 2013. www.timeout.com/london/theatre/daniel-radcliffe-interview-i-lovegetting-beaten-up
109 Aurélie, Jaquet (2020): »Federer a été un grand frère sur le circuit«. Interview mit Stan Wawrinka in »L'illustré« vom 16. Juli 2020. www.illustre.ch/magazine/wawrinka-federer-un-grand-frere-circuit
110 Beckett, Samuel (1983): Worstward Ho!. https://genius.com/2774114
111 Luks, Timo (2022): In eigener Sache. Eine Kulturgeschichte der Bewerbung, Hamburg, S. 69
112 Luks, Timo (2022): In eigener Sache. Eine Kulturgeschichte der Bewerbung, Hamburg, S. 96 f.
113 Luks, Timo (2022): In eigener Sache. Eine Kulturgeschichte der Bewerbung, Hamburg, S. 266
114 Kellaway, Lucy (2016): What the 'CV of failures' really reveals about career setbacks. Meinungsbeitrag in der »Financial Times« vom 22. Mai 2016. https://www.ft.com/content/86ea48da-1dc5-11e6-b286-cddde55ca122
115 Conn VS (2018): What Is Your CV of Failures? Western Journal of Nursing Research, 151–152. https://doi.org/10.1177/0193945917707752
116 Angaben der »Thiel Foundation« zum »Thiel Fellowship«. https://thielfellowship.org/
117 Bouchrika, Imed (2023): College Dropout Rates: 2024 Statistics by Race, Gender & Income. Artikel auf research.com vom 21. Oktober 2023. https://research.com/universities-colleges/college-dropout-rates
Berlingieri, Francesco, Bolz, Theresa (2020): Earnings of University Dropouts across Europe. ZEW Discussion Paper. https://ftp.zew.de/pub/zew-docs/dp/dp20085.pdf
118 Gompers, Paul, et al. (2010): Performance persistence in entrepreneurship, Journal of Financial Economics, Volume 96, Issue 1. https://doi.org/10.1016/j.jfineco.2009.11.001
119 Gottschalk, Sandra, Greene, Francis J., Höwer, Daniel, Müller, Bettina (2014): If You Don't Succeed, Should You Try Again? The Role of Entrepreneurial Experience in Venture Survival, ZEW Discussion Paper No. 14–009, Mannheim
120 Walasek, L., & Stewart, N. (2015): How to make loss aversion disappear and reverse: tests of the decision by sampling origin of loss aversion. Journal of Experimental Psychology: General, 144(1), 7–11. https://doi.org/10.1037/xge0000039

121 Völkerling, Jörg (2015): Teenie-Millionär (19) fackelt seinen Ferrari vor Puff ab. Bericht auf bild.de vom 5. August 2015. www.bild.de/regional/muenchen/ferrari/abgebrannt-besitzer-vorgericht-versicherungsbetrug-42071076.bild.html
Rodegast, Stefanie (2015): Pizzabäcker und Versicherungsvertreter scheitern an mutmaßlichem Versicherungsbetrug. Artikel auf versicherungsbote.de vom 3. November 2015.
www.versicherungsbote.de/id/4831073/Versicherungsbetrug-Brandstitung-brennende-Pizzeria-Hunsrueck/
»Allianz – Zwei teure Wasserschäden & ein mehrfacher Betrugsverdacht«. Artikel auf versicherungsbote.de vom 25. August 2016.
https://www.versicherungsbote.de/id/4844719/Allianz-Versicherung-Wasserschaden-Betrugsverdacht/
Wenig, Mirko (2017): Berufsunfähigkeitsversicherung – Wenn der Rollstuhlfahrer plötzlich Marathon läuft. Artikel auf versicherungsbote.de vom 5. Januar 2017. www.versicherungsbote.de/id/4849561/Berufsufaehigkeitsversicherung-Marathon-Rente-Urteil/

122 Borges, Jorge Luis (1941): Die Lotterie in Babylon. In: Borges, Jorge Luis (1992): Fiktionen. Erzählungen 1939–1944, Frankfurt am Main

123 Frank, Robert H. (2016): Success and Luck. Good Fortune and the Myth of Meritocracy, Princeton, S. 151 ff.

124 Buchstein, Hubertus (2020): Random Decisions Viewed Historically: A short history of the use of lottery in governments. Zeitschrift Führung + Organisation, 9–13. www.bsfrey.ch/wp-content/uploads/2021/08/leadership-by-lot-1.pdf

125 Dworkin, R. (1981): What is Equality? Part 2: Equality of Resources. Philosophy & Public Affairs, 10(4), 283–345. www.jstor.org/stable/2265047

126 Kleinz, Torsten (2008): FDP Hamburg kassiert im Viralwahlkampf eine Abmahnung. Artikel auf netzpolitik.org vom 18. Februar 2008.
https://netzpolitik.org/2008/kennen-sie-das-stichwort-virales-markting/
www.heise.de/newsticker/meldung/FDP-Hamburg-kassiertim-Virawahlkampf-eine-Abmahnung-181041.html

127 Svenson, Ola (1981): Are we all less risky and more skillful than our fellow drivers?, Acta Psychologica, Volume 47, Issue 2, 1981, 143–148, https://doi.org/10.1016/0001-6918(81)90005-6. Zuckerman, E. W., Jost, J. T. (2001): What makes you think you're so popular? Self-evaluation maintenance and the subjective side of the »friendship paradox.« Social Psychology Quarterly, 64(3), 207–223. https://doi.org/10.2307/3090112. Cross, K. Patricia (1977): Not can, but will college teaching be improved?, New Directions for Higher Education (17), 1–15. https://doi.org/10.1002/

he.36919771703. Tappin, BM, McKay, RT: The Illusion of Moral Superiority. Soc Psychol Personal Sci. 2017 Aug;8(6), 623–631. https://doi.org/10.1177/1948550616673878

128 Sedikides C., Meek, R., Alicke, M. D., Taylor, S. (2014): Behind bars but above the bar. Prisoners consider themselves more prosocial than nonprisoners. British Journal of Social Psychology, 53, 396–403. https://doi.org/10.1111/bjso.12060

129 Anderson, E. S. (1999): What Is the Point of Equality? Ethics, 109(2), 287–337. https://doi.org/10.1086/233897

130 Rawls, John (2021 [1979]): Eine Theorie der Gerechtigkeit, Berlin. S. 95 f.

131 Anderson, E. S. (1999): What Is the Point of Equality? Ethics, 109(2), S. 305. Übersetzung d. Autors. https://doi.org/10.1086/233897

132 Weber, Max (1916): Die Wirtschaftsethik der Weltreligionen. www.zeno.org/Soziologie/M/Weber,+Max/Schriften+zur+Religionssoziologie/Die+Wirtschaftsethik+der+Weltreligionen/Einleitung